我們想要的未來 **2**

SDGs
最實用課程設計

從解說、引發動機到行動，校園、機關團體、企業講習最佳教材

何昕家　主編

何青晏・邱婉菁・周芳怡・張凱銘

張德忻・陳鳳涵・游曉薇・舒玉・鄭岳和・蕭戎　合著

目錄

透過教育，讓 SDGs 成為日常！

 永續發展
脈絡

緣起

前聯合國秘書長安南早在 2002 年聯合國永續發展高峰會議上指出：「教育是達成永續發展的鎖鑰。」聯合國隨即在 2005 年至 2014 年推動永續發展教育十年計畫（DESD），期望透過教育帶起行動，朝向千禧年發展目標（MDGs）邁進，強調教育在推動永續發展的重要角色，彰顯永續發展教育的精神。聯合國在 2014 年結束之後，於 2015 年延續的行動方案參考 DESD，同時也回應聯合國提出永續發展目標（Sustainable Development Goals, SDGs），目標是「創造和擴大所有層面及地區的教育和學習行動，藉此促進永續發展的進程」。

前聯合國教科文組織主席博科娃在 2015 年聯合國教科文組織回應聯合國永續發展目標教育的路徑，指出：「沒有比教育更強大的變革力量 - 促進人權和尊嚴，消除貧困和深化永續，為所有人創造更美好的未來，建立在平等權利和社會正義，尊重文化多樣性和國際團結和共享的基礎上責任，這些都是我們共同的人性基礎。」

而臺灣 108 課綱脈絡來自於經濟合作發展組織（Organization for Economic Co-operation and Development,OECD）在 2016 年與 2018 年，提出 2030 學習框架（Learning Framework 2030），提到素養是整合知識、技能與態度價值，希望透過教育讓學生可以創造價值、承擔責任、調適困境，最終希冀可以為人類福祉努力。同時 SDGs 與 OECD 都提到 2030，因此在「邁向 2030 優質的政策：經濟合作發展組織行動是奠基在永續發展目標（Better Policies for 2030：An OECD Action Plan on the Sustainable Development Goals）」文件中，提到經濟合作發展提及的素養是回應 SDGs 關鍵且重要驅動力。

同時 2016 年 10 月國際大學校長協會（IAUP）號召全球大學將 SDGs 和世界公民意識的理念融入教學、研究及學校中長程發展計畫。大學作為創造新知與傳遞知識的文明智庫，

與 SDGs 要解決的問題相輔相成，在知識、學習、驗證、創造、合作等層面，形成不可或缺的交互循環，從教學、研究、學習中結合 SDGs 理念，落實永續發展目標。

本書就是在此國際與國內教育回應永續發展目標的脈絡下，主編何昕家尋找一群志同道合老師，針對不同永續發展目標，進行觀點陳述、案例與提問，最後以一個教學點子進行示例，教學示例僅只針對單一永續發展目標部分引導，而不是全面式的瞭解，我們將此書定調為是"SDGs 最實用課程設計"，其教學點子形式從解說、引發動機到行動，主要適用對象從校園老師、環團推動、企業講習最佳教材，透過本書可以瞭解不同永續發展目標，也可以運用教學點子帶動瞭解不同永續發展目標，這一本入門書，也是一本教學實用書，希冀透過本書可以支持臺灣透過多元教育取徑推動 SDGs 的敲門磚。

使用說明

這一本手冊匯集不同 SDGs 教學小活動，也因為每個目標均很多元，每一位使用者進行活動小點子規劃設計時，均僅針對每個 SDGs 重要面向進行規劃設計，教學小活動也是會直指每個 SDGs 核心精神。而這一次僅為設計教學小活動，不是設計教案，因此時間有長有短，希望使用者可以挑選與本身規劃相關小活動融入，讓參與者在活動過程中能瞭解不同 SDGs。使用者也能透過教學點子，引發不同的教學想法，這是一本針對 SDGs 教育實踐的觸媒。

致謝

感謝謝俊宏校長、陳同孝副校長、黃政治副教務長、通識教育中心韓聖主任，以及國立臺中科技大學其他長官與師長的支持。

感謝特色躍升辦公室、高教深耕辦公室。

感謝以下參與老師何昕家、周芳怡、張凱銘、游曉薇、陳鳳涵、蕭戎、舒玉、邱婉菁、張德忻、鄭岳和以及何青晏。

感謝幸福綠光出版社。

參考文獻

- UNESCO. (2005). UN decade of education for sustainable development 2005–2014: The DESD at a glance. Paris: UNESCO.

- UNESCO. (2015). Rethinking education: Towards a global common good? Paris: UNESCO.

- UNESCO. (2017). Education for Sustainable Development Goals: learning objectives. Paris: UNESCO.

- OECD. (2016). E2030 conceptual framework: Key competencies for 2030 (DeSeCo 2.0). Paris: OECD Publishing.

實踐 SDGs，和世界一起脈動

　　國立臺中科技大學是一所具有百年歷史的學校，百年學校，走至今日，也與時俱進，帶入永續發展新思維，讓我印象深刻，因著學校的躍升計畫成果，與臺灣創價學會合辦 SDGs 希望與行動的種子展，為我導覽的是企管科五年級學生，學生有條不紊敘說永續發展脈絡與歷史，以及國內外行動家，從學生眼中的眼神，深刻感受到世代傳承，以及學生對於永續發展的熱切行動。

　　而服務於本校的昕家老師，也是深耕永續發展教育教育實踐者，號召一群老師一起針對校內大一入門課程：大學之道課程進行改革，同時也與所有老師一同針對不同 SDGs 寫下教學實踐點子，希望可以帶給不同老師啟發，一同為下一世代永續未來努力。

國立臺中科技大學校長 謝俊宏

　　國立臺中科技大學在 2021-2024 年校務發展計畫，將聯合國永續展目標（SDGs）融入在教學、研究校發展中，同時也積極在 THE（Times Higher Education）世界大學影響力（University Impact Rankings）努力，而本校廣大校友均服務於金融界、商業界，校友也積極關心由 SDGs 延伸出來的 ESG（Environment、Social、Governance），本校也積極回應校友需求，而本書就像是一格起手式，引導校內老師參與討論，最大的獲益者就是本校的師生，也期待昕家老師透過此可以擴大效益支持更多老師，未來本校也以永續發展作為在技職教育的路上的一展明燈。

國立臺中科技大學副校長兼教務長 陳同孝

當我擔任通識教育中心主任時，就看著昕家老師在教學、研究、服務上均深耕永續發展，以及永續發展目標（SDGs），當時也鼓勵昕家老師可以有更多影響，沒想到在一步一腳印過程中，這一本書逐步成形，原本只有教學點子，後續昕家老師號召一群老師補充相關論述與內容，讓此本書更加完整，看著這本書完成，內心無限感動。而目前擔任教學資源中心主任，更加看見 SDGs 在不同的教學精進相關活動中，不斷強調其關鍵與重要性，讓我深信，幾年前鼓勵與推動，現在開花結果，能支持更多第一線老師，也期許這只是一個開端，未來會有更多更多 SDGs 教育實踐案例，以及能讓更多大學生具備永續發展素養，帶著此素養進入社會，為社會盡一份心力。

國立臺中科技大學副教務長兼教資中心主任 黃政治

聯合國在 2015 年宣布了「2030 永續發展目標（Sustainable Development Goals, SDGs）」，事實上與禮運大同篇的「大道之行也，天下為公」有異曲同工之妙。SDGs 其內容包含消除貧窮、實現性別平等與因應氣候變遷等 17 項目標，指引全球共同努力並邁向永續。

本中心何昕家副教授關切環境教育與教育環境，結合通識教育中心團隊，透過大一入學共通關鍵課程之「大學之道」，將課程轉型融入 SDGs 內容與內涵，冀望本校新鮮人能有初步瞭解與認識，以期逐步讓全校學生具備永續發展認知與素養。

從 2021 年 4 月 24 日起，何教授利用其臉書「何昕家（環境兩棲）」以一講一問的型式系統地呈現 SDGs，截至 2021 年 11 月 24 日共有 208 個講 / 問，深耕易耨之如此用心。好書是大家分享的，本人非常榮幸地推薦。希望藉由閱讀此書，真正了解 SDGs 的精髓，並能起而行的善用資源與愛護地球，進而達到世界大同境界。

國立臺中科技大學通識教育中心主任 韓聖

永續發展 臺灣未來世代的競爭力

范巽綠 / 監察委員

　　早期，「永續發展」議題一直是抽象觀念，是一態度與價值觀。隨著歷史進展，聯合國在 2015 年宣布「2030 永續發展目標」（Sustainable Development Goals, SDGs），其中包含 17 項核心目標、並涵蓋 169 項細項目標、230 項指標，開始有具體指引，讓世界各國對話，並指引國家與政府、民間與個人努力的方向，以邁向永續。

　　在臺灣，目前各級政府正積極推動永續發展目標工作，在國家政策推動上，呼應以上指標，各部會及地方政府也分別戮力執行「政府機關自願檢視報告」（Voluntary Department Reviews）及「地方政府自願檢視報告」（Voluntary Local Reviews）工作，齊心齊力讓臺灣能邁向更永續的社會、永續的經濟與永續的環境，共築未來臺灣的優質國家競爭力。

　　其實，臺灣在上世紀即開始關注永續發展議題，我在 1997 年擔任立法委員時，和當時的立委趙永清、蘇煥智等共同前往日本京都參加氣候變化綱要公約第三次締約國大會，並在 1998 年 3 月成立立法院永續發展促進會，即開始共同推動臺灣的永續發展工作。

　　2000-2006 年，我在教育部服務時即開始推動「永續校園」，讓永續發展議題在師生學習觀念中萌芽，並透過永續校園實體改造工作，讓上千所學校脫胎換骨，轉型為健康、生態、創新、友善的校園。我在 2018-2020 年重回教育部，也將聯合國永續發展目標（SDGs）納入 108 課綱「環境教育」議題中推動，並結合國際教育 2.0，

以永續發展教育 (ESD) 為核心，與日本、韓國、泰國、美國、荷蘭及德國等學校進行相關議題參訪與國際交流，這些議題綜整環境、經濟、社會等整合面向觀點，積極培養新世代學子成為具備國際視野的永續公民。

　　永續發展是否能推動成功，「教育」是最重要也是最核心的關鍵。永續發展是跨世代正義的課題，因此在 2021 年 5 月聯合國教科文組織在德國召開「2030 年永續發展教育」時，特別指出「教育，是促使人的心態和世界觀發生積極轉變的關鍵途徑！」

　　在臺灣教育現場，從國小、國中、高中到高等教育，也如火如荼將永續發展、SDGs 等相關概念融入教學，編撰此書的臺中科技大學何昕家老師，長年投入永續發展、SDGs 教育實踐，無論是在高等教育課堂或是協助中小學老師融入教學，何老師一步一腳印的推動教育實踐。此書也是何老師號召一群志同道合老師，透過每個目標詳細說明，以及提出三個關鍵問題，最後再延伸至教學活動，是教師將 SDGs 融入課堂教學的敲門磚。

　　這也是臺灣第一本專注於談論 SDGs 教育實踐的書籍，有明確的教學指引與教學示例，希望藉本書拋磚引玉，除支持第一線老師，也能激發更多教育實踐永續發展的量能。最後，我也再次感謝何昕家老師與各學者專家特別編撰此書，它將有助於增進學生發揮探究與實作精神，致力永續發展與地方創生，促進學校邁向優質教育。因此，我特別推薦給各級學校師生及家長，讓我們的學子能更了解 SDGs 核心精神與各項目標教與學之落實，一起為臺灣的永續發展努力！

SDGs 串起真實世界的連結

張子超 / 國立臺灣師範大學環境教育研究所教授

　　永續發展是國際趨勢的主潮流，而永續發展目標則是提供具體執行的方向和指標。永續發展的重大意涵是點醒人類在面對嚴重的環境問題（如氣候變遷、海洋資源耗竭...），必須認真思考人類發展的目的、人類發展對地球的自然環境及生態運作的衝擊；同時也要深刻省思人類發展過程中，伴之而來的貧窮、飢荒、不公平、不正義的社會現象。

　　臺中科技大學結合大學之道的通識課程與永續發展目標的教學，由授課教師共同發展 17 個永續發展目標的教學案例，並彙集成教學資源手冊。每個目標所提供的國際及國內的細項指標內涵，清晰易懂地呈現我們所處的世界現況與所面對的問題，這些問題的意識和衝擊很容易引發學習動機。另外，每個目標所提供的觀點及看法，展現永續發展目標的學術討論和價值澄清，而且所提供的案例，非常適合作為教學的應用。延伸問題的部分，讓課程的內涵有持續探索的空間，促進授課教師和學生可以繼續探究學習。

　　本書提供 17 個永續發展目標的課程活動設計，每個目標的教案設計包括學習目標和核心素養，提醒教學者聚焦課程目標的重點，及核心素養所強調的生活情境的體驗與知識、價值、技能、與行動的均衡；實施方式則有引起動機、發展活動、綜整活動、教學提醒、及參考資料，是很完整的課程活動設計，值得授課教師參考和依循。

這本書兼具永續發展和永續發展目標的理念和內涵的介紹，和課程設計及教學發展的理論與應用，可以作為理論的引領，也可以是教案設計的應用；而且在永續發展及永續發展目標成為大學教育的關注重點，本書的出版恰在最適當的時機。臺中科技大學通識中心的教師以親自授課實踐和統整合作方式，整理授課的資料、教學經驗和反思，彙編完成《SDGs最實用課程設計》。深深感佩這分專業與熱情，所以極力推薦！

你 SDGs 了嗎？

藍偉瑩 / 社團法人瑩光教育協會理事長

你聽過 SDGs 嗎？它是全球永續發展的 17 項目標，Sustainable Development Goals，簡稱 SDGs。

在一次討論聯合國永續發展項目的活動中，一位老師表示他原以為就是個新的流行，沒想到這與我們的現象與未來息息相關。也曾經遇到有人以為永續發展項目談的就是氣候變遷和環保，大家對 SDGs 連結上自己過去的經驗，這反而失去真正認識它，或該說是認真對待它的機會。多數人誤以為進行減塑的行動就是了，但或許這個行動只是冰山露出的一角，人類需要深刻反思的事情遠比這個更多。

世界環境與發展委員會於 1987 年對於「永續發展」所下的定義是「滿足現代人的需求又不危及後代人滿足其需求的發展」，永續發展的前提是在滿足我們的生活需求下，又不會預支了下一代所該享有的資源。

全世界所共同努力的是，如何在環境得以永續的前提下，人類社會的經濟活動得以發展，人類的自我可以實現。人類存在於地球的系統中，一旦系統不平衡，最終走向崩潰，人類也將滅絕，取得平衡，尋求共好，便成為 21 世紀最關鍵的課題。

當我們都是地球系統之一，就必須知道我們的每個行動都將影響地球，小至決定吃什麼早餐、如何上學，大至臺灣應當使用何種能源，所有的一切對於我們的未來都有著重要的影響，這也就是為何強調要選購當令當季的食物，或是推動綠色生活的理念等，都是希望每一個滿足生活需求的決定，能是相對好的選擇。但人們常常錯估了自己對於環境的影響力，所以在政策上有許多要求與期待，卻對於自己生活中的點滴太

過隨意，這就好像理財，只管制大錢的使用，不留意小錢的花用，終將一無所有。

　　過去幾年來，我因著瑩光教育協會推動的入校陪伴，進入台灣都市和偏鄉的學校進行著校訂課程的發展，透過每個地區獨特的問題，引入永續發展的概念。對於老師們來說最困難的是掌握聯合國推動永續發展項目的意義，再者是了解 17 個項目個別的意義與各項目間的關聯，接著是認知到所在區域有哪些項目是相對重要的，最後才是如何配合學生的發展階段，發展出適合學生探究的問題。

　　永續發展項目在教育現場的推動考驗著老師平日是否關注這個世界，是否具備系統思考能力，是否有設計思考能力，而這些回到課程教學專業，則是老師是否具備探究課程設計與提問教學的能力。

　　何老師的這本書用簡明的方式，整理與闡述了永續發展項目的意義與內容，對於剛開始接觸這個領域的老師或家長都是一本好的入門書，藉由結構化的內容安排，可以幫助大家快速掃描與了解，更透過教學示例的分享，幫助自己構想適合自己的學校與學生的課程教學安排。

　　更重要的是提供大家可以引導學生思考的關鍵提問，讓永續發展的學習不會流於教條式的宣導，更不是華麗的活動。教育需要帶領學生面對未來，在那之前，作為成人的我們需要先展開自己的學習，成為一個實踐永續的人。

第一本 SDGs 教育實踐的書！

林律君 / 國際高教培訓暨認證中心主任、 國立陽明交通大學英語教學所
暨語言教學與研究中心副教授

一直是何昕家臉書的忠實讀者。這兩年的作息總是清晨即起，趁著家人、孩子還未起身之際，能安靜地完成一些閱讀與寫作，也總是在清晨時分收到何老師臉書《SDGs 最實用課程設計》貼文的通知。這一系列的貼文已經突破 400 則，也就是超過整整一年，幾乎每日不間斷地以文整理與分享國際有關 SDGs 議題與教育相關的資訊，何老師這般的精神與投入，一直是我深深敬佩的。

收到何老師即將要出版 SDGs 教學實踐書籍，又獲得提供推薦序的邀請，我甚感榮幸。SDGs 一直是我這幾年在大學中等教育師培、國際高教培訓及雙語在職教師培訓工作中很重要的培訓靈感與題材來源，透過 SDGs 議題，幫助了我們的師培生、中小學在職教師及大學教師帶領與陪伴學生，與真實世界學習、連結、行動。

《SDGs 最實用課程設計》依據永續發展的 17 項目標的核心精神，匯集了各目標重要面向相關的教學小活動，以非常清楚的架構、一目了然的方式呈現，從國際及台灣的目標背景、觀點與案例、延伸問題，到提供可直接使用的教學活動設計，幫助現場教師輕鬆在課堂教學活動中融入 SDGs。

恭喜也感謝何昕家老師將這幾年在 SDGs 教學實踐的深耕心得，有系統地整理並化成文字出書，可預見本書的出版能夠嘉惠關心 SDGs 教育的老師及社會人士。

線上教學

壹　國際與臺灣細項目標

針對目標 1 以下點列國際細項目標與臺灣的細項目標，以利於全面瞭解此目標關鍵細項內容。

一、國際細項目標

（一）細項目標

1.1 在西元 2030 年前，消除所有地方的極端貧窮，目前的定義為每日生活費低於國際貧窮線（1.9 美元）。

1.2 在西元 2030 年前，依據各國標準之人口統計數字，將各個年齡層的貧窮男女與兒童人數減少一半。

1.3 對所有的人，包括底層的人，實施適合國家的社會保護制度措施，到了西元 2030 年，範圍涵蓋貧窮與弱勢族群。

1.4 在西元 2030 年前，確保所有人，尤其是貧窮與弱勢族群，在經濟資源、基本服務、以及土地與其他形式的財產、繼承、天然資源、新科技與財務服務（包括微型貸款）都有公平的權利與取得權。

1.5 在西元 2030 年前，讓貧窮與弱勢族群具有災後復原能力，減少他們暴露於氣候極端事件與其他社經與環境災害的頻率與受傷害的嚴重度。

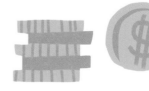

關鍵字：貧窮、經濟弱勢、低度開發國家、社會保護制度、急難救助

（二）實踐策略

1.a 確保各個地方的資源能夠大幅動員，包括改善發展合作，為開發中國家提供妥善且可預測的方法，尤其是最低度開發國家（以下簡稱 LDCs），以實施計畫與政策，全面消除它們國內的貧窮。

1.b 依據考量到貧窮與兩性的發展策略，建立國家的、區域的與國際層級的妥善政策架構，加速消除貧窮行動。

二、臺灣細項目標

（一）細項目標

　　具體目標 1.1：增加經濟弱勢人口自立比率。

　　具體目標 1.2：持續推動辦理社會救助，照顧低收入戶、中低收入戶及救助遭受急難或災害者，並協助其自立。

　　具體目標 1.3：完善全體國民，特別是弱勢群體，在勞保、健保、年金等社會保險體系之保障，並充實長期照顧體系，強化資源布建與服務提供，以及持續推動弱勢老人、兒少之生活扶助。

　　具體目標 1.4：增進全體國民，特別是弱勢群體，在創業、就業、貸款、融資、居住、土地所有權等之保障與平等權。

　　具體目標 1.5：降低各種災害造成的損失，特別需要保護弱勢與低所得族群。

　　具體目標 1.6：擴大協助低／中低收入戶參與就業服務及脫貧方案。

（二）實踐策略

具體目標 1.a：擴大協助低 / 中低收入戶參與就業服務及脫貧方案。

貳　針對 SDG 1：消除貧窮觀點與看法以及案例

貧窮的定義十分多元，從較寬泛的角度來看，我們可說貧窮是指人們因缺乏足夠的物質資源 (通常為金錢)，導致生活品質無法達到所處地區最低經濟標準的情況。部分機構進一步提供了判斷貧窮的量化參考指標，例如聯合國 (United Nations, UN) 將每日生活費用不足 1.9 美元的情況界定為赤貧。世界銀行 (The World Bank) 則在研究報告《貧窮與共同繁榮 2018》(Poverty and Shared Prosperity 2018) 中主張應按各國國民收入水準差異，以 3.2 美元至 5.5 美元不等的生活費用，作為劃設「貧窮門檻」(Poverty Threshold) 的基準。

貧窮問題與人類歷史一樣悠久，自古至今，世界各地的社會幾乎皆存在著程度不等的貧富落差，問題在於貧困階級的生活是否得到適度補助，以及貧富差距程度有多嚴重。歷史經驗顯示，任何國家若未能妥適處理國內貧窮問題，則不僅會造成人道危機，爆發群眾抗爭乃至革命與武裝衝突的風險也將大幅上升。

更重要的是，唯有對貧窮問題作出有效治理，國家在教育改革、科學創新及民主深化等領域才有充裕的發展空間及可期待的前景。有鑑於此，聯合國永續發展目標將「消除貧窮」列於目標清單首位，敦促世界各國致力消除所有形式的貧困，呼籲國家的永續發展不應遺漏任何一個人 (Leave no one behind)。

具體而言，人類社會中的財富分配固然難免不均，但即便是經濟條件較為弱勢的群體，都應該能夠享受到基本社會福利，政府有責任提供諸如醫療保險、就學補助、住屋津貼等服務，藉此確保全民不分貧富，都能享有符合人性尊嚴的生活品質。

另一方面，如何協助經濟弱勢群體改善生活處境，避免使貧窮問題進一步惡化為

「貧窮世襲」，也是應受到重視的議題。而現代公民以個人身份觀照社會中的貧窮問題時也負有一定責任，社會大眾應擺脫「貧困者咎由自取」的錯誤觀念，體認到經濟弱勢群體在階級複製與景氣起落之間的無奈與脆弱，理解並支持社會福利政策的制定施行，同時督促政府提供弱勢者更多扶助。

挪威、丹麥與瑞典等北歐國家，為當代國際社會提供了應對貧窮問題的治理典範：雖然並非全無缺失，但這些國家透過高額稅收、完善且涵蓋範圍廣泛的社福制度，透明的資金流向，有效控制了貧窮問題的惡化與延續。經濟弱勢的民眾在成長過程中能接受完整教育，不必擔心無處居住，疾病時亦能享受醫療照護。

我國的中低收入群體，長期以來在社會中的比例皆低於 3%，看似較許多已開發國家更為優秀。然而許多專家學者也警示，臺灣的貧窮問題之所以看似不嚴重，是因為統計方式的過時與不合理，且臺灣社會中的貧困階級已然出現世襲化、代代相傳的惡性趨勢，政府與民眾有必要更認真、誠實地面對問題並提出合理回應。

臺灣未來在追求進步繁榮的國家發展道路上，有必要回歸人權保障的核心民主信念，強化社會福利體系，輔以教育、醫療及就業政策的調整，協助經濟弱勢群體維繫合宜的基本生活標準，並有機會成功翻轉階級，終結貧窮問題的跨代傳承。

1. 近年來許多國家的學者與政治人物開始探討甚至倡議推動全民基本收入 (Universal Basic Income) 制度，主張政府在不設任何條件限制的情況下，向全民定期發放一定數量的金錢，使不分階級的民眾皆可滿足基本生活所需。此制度的支持者認為其有益於保障基本人權與民眾的生活尊嚴，反對者則質疑無條件的補貼將導致國家財政負擔過重，並使民眾產生依賴心理。請查閱該制度的內容與正反意見並提出您的觀點。

2. 為改善貧窮問題並縮小日益擴大的貧富差距，世界各國國內皆有主張擴大對富裕及中產階級課稅，以增加社會福利補助的論點。但也有許多人持不同意見，認為富裕及中產階級的資產收入來自正當投資或辛勤工作等合法途徑，政府若對這一族群課以更高賦稅，形同懲罰認真工作的國民，並迫使富裕者將資產向海外轉移，反而不利國家經濟發展。請說明您認為這一論述是否合理及您的判斷理由。

3. 美國學者路易斯 (Oscar Lewis) 提出的「貧窮文化理論」(Culture of Poverty Theory) 指出，貧窮問題難以解決的根源並非單純的物質匱乏，也與社會底層代代傳遞的「貧窮文化」有關，諸如欠缺理財能力和儲蓄習慣、不善進行人生長遠規劃、政治參與態度消極與教育學習意願低落等。從這個角度來看，您認為政府在處理貧窮問題時，除了向貧困民眾提供金錢與物質補助外，還可以透過哪些途徑協助其脫離貧窮？

肆 SDG 1 教學實踐點子

SDGs 目標：消除貧窮
期望透過活動辦理，引導學生消除對於貧窮問題的刻板印象，客觀地認識貧富差距的主要成因，以及翻轉階級過程中可能遭遇的種種困難。

學習目標
在瞭解法律與政治規範背景，及各項統計數據現況的基礎上，配合影片素材輔助，引導學生透過分階段的小組討論，揭示社會大眾對於貧窮問題的錯誤觀念，探究貧富差距的真正來源，進而體察個體在社會財富分配結構中的能動性侷限。

核心素養
引自 Education for Sustainable Development Goals：Learning Objectives

☐ 系統思維　☐ 預期未來　■ 價值反思　☐ 創新規劃
■ 溝通協作　☐ 批判思考　☐ 自我意識　☐ 解決問題

核心素養呼應說明
1. 溝通協作：以小組討論與個人觀點分享等環節增進學生的溝通交流能力。
2. 價值反思：引導學生扭轉對貧窮問題的刻板印象，瞭解階級翻轉困境並就教育和數位科技等因素對於脫貧問題的影響進行批判性思考。

實施方式	內容說明
引起動機	本活動的動機包含以下三項： 1. 與國際現況相比，我國國內社會的貧富差距控制相對良好，但各階級間的財富分配落差仍然呈現持續日益擴大的趨勢，值得各界嚴肅面對。 2. 社會大眾對於貧窮問題存在諸多負面刻板印象，未能客觀體認社會結構的強大制約作用與翻轉階級的困難程度。 3. 高等教育與數位科技應用對於翻轉階級、脫離貧困來說，固然有其可能的正面貢獻，但亦有許多重大負面影響未受到外界足夠的關注。
發展活動	本活動規劃流程涵蓋以下七個主要步驟： 1. 議題背景講授 1：授課教師講解議題專業學理背景，說明憲法 §7 平等權中關於階級平等規範之法學意涵，並介紹 Gini Index 及國際與國內社會的近年指數統計概況，引導學生對於貧窮、貧富落差與階級平等問題建立初步理解。 2. 小組討論（第一階段：貧窮從何而來？）：以 4-6 人進行小組劃分，各組推選主持人、記錄人與資料查詢人各一名，針對「貧窮的成因」與「個人在貧窮問題中的能動性有多少」兩項主題進行初步討論，組員逐一分享個人觀點。 3. 影片素材播放：播放紀錄片 56up。該紀錄片針對 14 名來自不同社會階層的孩子，以每 7 年拍攝一次的頻率進行跨度達 49 年的追蹤，藉此揭露社會階級結構與財富分配落差對於個人生命軌跡的影響。 4. 小組討論（第二階段：貧窮從何而來？）：延續前階段編組，各組學生在觀看影片後，再次針對「貧窮的成因」與「個人在貧窮問題中的能動性有多少」兩項主題進行討論，比較每位組員在觀影前後的認知是否出現改變。

發展 活動	5. 議題背景講授 2：授課教師介紹當前國際社會有關改善貧富差距的主要努力 方向，包含社會福利政策、教育推廣與科技輔助等。 6. 小組討論（第三階段：脫貧或致貧？）：延續前階段編組，針對「教育將改 善貧窮或是加劇貧窮問題」，以及「科技發展將改善貧窮或是加劇貧窮問題」 兩項主題，進行線上資料瀏覽與討論，組員逐一分享個人觀點。 7. 活動總結：各組學生分享其討論成果與發現，教師進行總結講授。
綜整 活動	經由本活動的實施，期望達到以下三項目標： 1. 使學生體認貧窮問題與社會結構與階級資源落差間的深固關連。 2. 引導學生認識翻轉階級的困難與社會大眾對於貧窮問題的負面刻板印象。 3. 鼓勵學生省思教育與科技等脫貧政策工具的潛在風險與可能的應用方向。
教學 提醒	1. 課程使用之影片素材原片時長 46 分鐘，配合總體活動時間，建議截去影片 製作的背景說明與片尾段落。 2. 第三階段小組討論涉及批判性的逆向思考，授課教師與教學助理人員宜輪換 參與各小組討論，提供資訊與意見以適度引導討論走向，避免意見交流失焦。
參考 資料	法務部全國法規 資料庫，《中華 民國憲法》 BBC, "56up Documentary" U 值媒，〈為什麼貧 富不均和教育有關？ 這是問題根源嗎？〉 天下雜誌，〈6 張圖表證 明：每經歷一次重大災 難，貧富差距就擴大！〉

線上教學

壹 國際與臺灣細項目標

針對目標 2 以下點列國際細項目標與臺灣的細項目標，以利於全面瞭解此目標關鍵細項內容。

一、國際細項目標

（一）細項目標

2.1 在西元 2030 年前，消除飢餓，確保所有的人，尤其是貧窮與弱勢族群（包括嬰兒），都能夠終年取得安全、營養且足夠的糧食。

2.2 在西元 2030 年前，消除所有形式的營養不良，包括在西元 2025 年前，達成國際合意的 5 歲以下兒童，並且解決青少女、孕婦、哺乳婦女以及老年人的營養需求。

2.3 在西元 2030 年前，使農村的生產力與小規模糧食生產者的收入增加一倍，尤其是婦女、原住民、家族式農夫、牧民與漁夫，包括讓他們有安全及公平的土地、生產資源、知識、財務服務、市場、增值機會以及非農業就業機會的管道。

2.4 在西元 2030 年前，確保可永續發展的糧食生產系統，並實施可災後復原的農村作法，提高產能及生產力，協助維護生態系統，強化適應氣候變遷、極端氣候、乾旱、洪水與其他災害的能力，並漸進改善土地與土壤的品質。

2.5 在西元 2020 年前，維持種子、栽種植物、家畜以及與他們有關的野生品種之基因多樣性，包括善用國家、國際與區域妥善管理及多樣化的種籽與植物銀行，並確保運用基因資源與有關傳統知識所產生的好處得以依照國際協議而公平的分享。

關鍵字：營養不良、充足糧食、永續農業、農業技術、營養需求

（二）實踐策略

2.a 提高在鄉村基礎建設、農村研究、擴大服務、科技發展、植物與家畜基因銀行上的投資，包括透過更好的國際合作，以改善開發中國家的農業產能，尤其是最落後國家。

2.b 矯正及預防全球農業市場的交易限制與扭曲，包括依據杜哈發展圓桌，同時消除各種形式的農業出口補助及產生同樣影響的出口措施。

2.c 採取措施，以確保食品與他們的衍生產品的商業市場發揮正常的功能，並如期取得市場資訊，包括儲糧，以減少極端的糧食價格波動。

二、臺灣細項目標

（一）細項目標

具體目標 2.1：確保國民都取得安全及營養均衡且足夠的糧食。

具體目標 2.2：解決兒童、青少女、孕婦、哺乳婦女以及老年人的營養需求。

具體目標 2.3：透過安全及公平的土地、生產資源、知識、金融服務、市場、附加價值的機制，提高農業生產力，增加農民收入。

具體目標 2.4：確保可永續發展的糧食生產系統，強化適應氣候變遷的能力，逐步提高土地質量，維護生態系統，提升農業生產質量。

具體目標 2.5：維持種子、種苗、家畜以及與其有關的野生品種的基因多樣性，使其符合國際水準並依國際協議分享遺傳資源與傳統知識所產生的利益。

（二）實踐策略

具體目標 2.a：提高在鄉村基礎建設、農業研究、推廣服務、科技發展、動植物基因銀行上的投資，包括以國際合作方式進行。

具體目標 2.b：因應杜哈回合談判議題，排除不當貿易干擾及補貼措施。

具體目標 2.c：強化市場交易功能，健全交易體系。

貳　針對 SDG 2：消除飢餓觀點與看法以及案例

全球糧食問題

消除飢餓要實現糧食安全，改善營養和促進永續農業。全球有 7.95 億飢餓人口，預計西元 2050 年將增加 20 億人口。地球上的糧食足夠所有人食用，為什麼還有那麼多飢餓人口？落後的農產種植技術和糧食浪費助長了糧食短缺。同時，戰爭也對糧食供應造成不利影響，導致種植糧食的環境遭受到破壞。

全球有人食物過量、營養過盛，卻有人吃不飽。當我們在臺灣享受品嚐美味的咖啡與入口即化的巧克力時，巴拿馬咖啡農則因養不起孩子，將孩子送到孤兒院；西非的象牙海岸（Cote d'Ivoire）更是全世界最大的巧克力生產國，占全世界產量的 40%，但背後卻是非洲孩童痛苦奴役產業鏈。

我們從吃的食物來源中看見世界的分配不均。而大多數人，都不知道我們所喝的咖啡、所吃的食物是如何種的，甚至於種植食物的農夫買不起食物，沒有人將真實事件呈現在我們面前，讓我們看不到世界正在爆發糧食大戰。

實踐目標 2 消除飢餓，首要之務讓所有人都吃飽，尤其是貧窮與弱勢族群都能夠獲得安全、營養且足夠的糧食。

臺灣的糧食問題

根據環保署西元 2019 年的統計資料，全國廚餘回收量逾 49 萬公噸，用廚餘桶堆疊起來大約是 1 萬 1,300 座台北 101 大樓的高度，大量的食物廢棄物除了會產生廚餘、溫室氣體排放等環境問題，也是一種資源浪費。臺灣在食物資源上並不缺乏，而是過多的資源無法被平均分配。

根據行政院衛生福利部統計，西元 2019 年臺灣第四季低收入戶共有 144,863 人。有 53% 弱勢兒童長期缺乏含鈣食物；84% 弱勢兒童常以罐頭，泡麵，餅乾，糖果充飢；27% 的弱勢兒童沒有天天吃早餐；14% 弱勢兒童沒有天天吃晚餐。一年內臺灣獨居老人接受餐飲服務共 2,790,588 人次。

當今臺灣社會最缺乏的不是食物，而是缺少途徑傳遞資源到這些有困難的人手中，例如兒童、街友、老年人或偏鄉地區等弱勢族群。

因此「臺灣全民食物銀行協會」看到了食物浪費和供給不均的問題，開始向企業單位、學生社團募集多餘的食物與運作資金，將募捐而來的食物，送至有需要的社福機構或家庭。食物銀行成立宗旨，希望向社會大眾，宣傳不浪費食物的理念，致力於在臺灣蒐集即將被浪費的食物，建立穩定傳送物資的管道，期許達到資源不浪費，利用最佳化的願景。

而「人生百味」團體辦石頭湯，用童話故事來募集食物送給街友享用。在疫情爆發以後，他們選擇繼續照顧臺北車站附近的街友，發放防疫包，除了防疫物品外，還有麵包、八寶粥和保久乳，讓街友感覺不被遺棄，感到安心。

我們可以採取的行動

　　除了協助弱勢族群外，我們也可以採取「支持醜蔬果」行動，指的就是樣貌醜陋、外觀不討喜的蔬果，常常因為沒有通路販售，只能由農民自行吸收，任其在產地腐爛，造成食物浪費。

　　根據聯合國糧食及農業組織統計，全球有高達三分之一的食物遭到浪費或損壞，其中有 54% 的糧食，根本沒有機會從產地到達餐桌。但是，醜蔬果與漂亮的蔬果一樣，有著相同的新鮮度、口感與營養價值。因此你我認識醜蔬果的價值，採取購買的行動，是改變這個現象的唯一途徑。這麼做除了減少食物被浪費，更能夠形成一股支持的力量，讓對土地友善的農民，有能力繼續採取有機、無毒的作法，或者減少噴灑農業與施用化肥的量，在食安方面形成良性的循環，創造農民、土地、消費者三贏的局面。

　　在臺灣，春一枝商行創辦人李銘煌，將臺東生產過剩、過熟及賣相不佳的水果，製成冰棒。高比例的水果原料，取代人工色素調色調味，讓消費者嘗到新鮮又原味的健康冰棒。此外，也有更多的通路端加入販售醜蔬果的行列。除了支持有機與無毒農法的里仁、主婦聯盟等，早已培養出一群忠實的醜蔬果支持者，農會超市及一些連鎖通路，也開始在賣場部分區域闢出醜蔬果專區，讓更多的消費者認識醜蔬果的價值。

我們可以關心與思考《食物正義》

　　所以目標 2 消除飢餓，不僅是是探討關心有沒有「吃飽」問題，還需要關心我們的食物，「如何」種、「在哪」種，關心人們有沒有吃到優質、乾淨、公平的食物。我們想要吃得健康，我們不能只在乎好不好吃，而是需要進一步去理解、追溯食物所走過得路徑，從餐桌、市場、大賣場，一路回到世界農場。

　　Robert Gottlieb 和 Anupama Joshi 的著作《食物正義》（Food Justice）指食物生產的過程，不會對環境造成嚴重傷害，以及不會侵犯到人（包含食物生產者和消費者）的權利，包含勞動和健康的權利。因此我們需要學習食物應該如何料理、如何販

售、如何享用，我們每一個人，應該學會具備辨識食品的食物，拒絕廣告的洗腦，拒絕跨國業者操弄我們對食物的選擇，我們要學會破解食品業者的行銷手段。

身為消費者的我們，作為監督食品業者的角色，若食品製程很複雜無法回頭追溯時，盡可能避免購買「加工食品」，因為規模越大、越複雜的食物流程，更可能存在各個層面的剝削。

同時，全球小規模糧食生產者的生產力與收入普遍較低，尤其是婦女、原住民、家庭農民（family farmers）、畜牧者與漁夫的處境最為嚴重。為解決此問題，聯合國訂下目標，要讓他們有安全及公平的土地、生產資源、相關知識、財務服務、市場、增值機會及非農業就業機會的管道。

因此讓生產糧食者的生產力與收入加倍，維護生態系統，打造可永續發展的糧食生產系統，也是目標 2 消除飢餓很重要的執行細項。面對自然資源持續消耗、人口持續成長的未來，到西元 2050 年時，全世界農業產量必須達到現在的兩倍。農業必須找到強化土地、水源等資源利用效益的方式，而非無止境地消耗自然資源。

在屏東德文部落，居民積極復育消失多年的作物「臺灣油芒」，該作物具抗旱抗濕抗鹽化的特性，且營養含量十分可觀，有望成為回應氣候變遷與糧食危機的「超級未來食物」。

參 SDG 2 延伸問題

1. 永續農業為兼顧農民利益，並能建立農業自然生態體系使環境所受衝擊減為最小者。在農耕的過程中，兼顧維護自然生態環境與土壤之生產力，使用尊重自然之農耕法。然企業大規模生產，卻價格低廉，讓所有人都買得起，但對自然環境會造成危害。面對生產系統與消費的選擇，您會如何選擇？請說明您的觀點。

2. 根據聯合國報告指出，全球有三分之一的食物被浪費掉，碳排量高達 44 萬噸，食物浪費不僅造成大量經濟損失和龐大的環境成本，也加劇地球暖化與氣候變遷危機。而臺灣食物浪費問題也不容小覷，為了呼應聯合國西元 2030 年前零售及消費者減少 50% 食物浪費的永續發展目標，請探討臺灣一年浪費多少食物？從自身思考如何落實愛惜食物，並向大眾規劃一場減少食物浪費的活動。

3. 面對層出不窮的食安問題，而飲食又是維持營養的重要來源，請問從產地到餐桌上歷程，食物產銷履歷（生長、採收和生產過程），加工食品製作過程的探究，請說明您的看法。也請說明在採購時，您會注意什麼？有哪些農產品？

肆 SDG 2 教學實踐點子

SDGs 目標：消除飢餓

從守護健康的遊戲中，重新思考目前農業所面對的問題，乃至於未來的糧食危機。

學習目標

1. 認識農產品從產地到餐桌的過程，同時也讓大家認識如何才能選購、享用安全健康的蔬果佳餚。

2. 理解農業工業化生產讓人與土地產生疏離之後，可能發生的問題。

核心素養

引自 Education for Sustainable Development Goals：Learning Objectives

☐ 系統思維　■ 預期未來　☐ 價值反思　☐ 創新規劃
☐ 溝通協作　☐ 批判思考　■ 自我意識　☐ 解決問題

核心素養呼應說明

1. 預期未來：理解未來美好生活的契機，作為理解與評估未來的能力。開創自己的視野能力。

2. 自我意識：反思自己在地及全球社會可扮演的角色，瞭解／思考自己可以具體實踐的行動與影響。

實施方式	內容說明
引起動機	從有趣的知識小短片開始，引導出今天要帶領的遊戲，由農業藥物毒物試驗所出版的【守護健康－從產地到餐桌的蔬果大冒險】互動遊戲。　 觀看蔬果冷知識
發展活動	1. 說明遊戲規則，4 人一組，玩家以策略性出牌的方式，讓自己的 01. 生病蔬果變成 09. 安全蔬果，同時阻止其他玩家的進行。最先全部完成到 09. 安全蔬果者，即為最先享用安全、健康又優質蔬果的優勝者。 2. 遊戲結束後，請各組同學討論，從遊戲中發現什麼？ 3. 說明行政院農業委員會推動之三章一 Q 標章、CAS、產銷履歷、有機農產品。認識農產品標章，讓消費者買到好東西，讓安全、永續的農產品得到市場的青睞。 4. 觀看《我餵蔬菜，蔬菜餵我》短片，思考水耕農業與農地農業之間差異，讓學生回家思考。
綜整活動	【守護健康－從產地到餐桌的蔬果大冒險】此遊戲簡易，學生大約 20 分鐘即可分出勝負。

教學 提醒	【守護健康 - 從產地到餐桌的蔬果大冒險】此遊戲只能當作是引起學生動機的小遊戲。但後續可談農產品標章與有機農業之主題外,也可談未來面臨的糧食危機。

參考資料

 【守護健康 - 從產地到餐桌的蔬果大冒險】遊戲申請

 【守護健康 - 從產地到餐桌的蔬果大冒險】遊戲規則

 《我餵蔬菜,蔬菜餵我》

 三章一Q標章(示)辨識及驗收應注意事項

 推動地產地消食材、嚐鮮、體驗趣

 圓桌武士 - 糧食危機

 《一粒米 / Story of Rice》

壹 國際與臺灣細項目標

針對目標 3 以下點列國際細項目標與臺灣的細項目標，以利於全面瞭解此目標關鍵細項內容。

一、國際細項目標

（一）細項目標

3.1 在西元 2030 年前，減少全球死產率，讓每 10 萬個活產的死胎數少於 70 個。

3.2 在西元 2030 年前，降低新生兒以及 5 歲以下兒童的死亡率。

3.3 在西元 2030 年前，消除愛滋病、肺結核、瘧疾以及受到忽略的熱帶性疾病，並對抗肝炎，水傳播疾病以及其他傳染疾病。

3.4 在西元 2030 年前，透過預防與治療及促進心理健康，將非傳染性疾病的未成年死亡數減少三分之一。

3.5 強化物質濫用預防與治療，包括麻醉藥品濫用以及酗酒。

3.6 在西元 2020 年前，全球交通事故造成的死傷人數減半。

3.7 在西元 2030 年前，確保全球有普及性的性與生殖醫療保健服務，包括家庭生育規劃、獲取資訊與教育，將生殖醫療保健納入國家策略與計畫之中。

3.8 實現醫療保健涵蓋全球（UHC）的目標，包括財務風險保護，取得高品質基本醫療保健服務的管道，以及所有的人都可取得安全、有效、高品質、負擔得起的基本藥物與疫苗。

3.9 在西元 2030 年前，大幅減少死於危險化學物質、空氣污染、水污染、土壤污染以及其他污染的死亡及疾病人數。

- 確保健康的生活及促進各年齡層的福祉。

關鍵字：心理健康、傳染疾病、醫療保健、傳染及非傳染疾病、健康風險

（二）實踐策略

3.a 強化《世界衛生組織菸草控制框架公約》在所有國家的實施與落實。

3.b 支援研發主要影響開發中國家的傳染及非傳染性疾病的疫苗與醫藥，依據《杜哈宣言》提供負擔的起的基本藥物與疫苗；《杜哈宣言》確認開發中國家有權利使用國際專利規範 - 與貿易有關之智慧財產權協定（TRIPS）中的所有供應品，以保護民眾健康，尤其是必須提供醫藥管道給所有的人。

3.c 大幅增加開發中國家的醫療保健的資金籌措，以及醫療保健從業人員的招募、培訓以及留任，尤其是最低度開發國家 (LDCs) 與小島嶼開發中國家 (SIDS)。

3.d 強化所有國家，特別是開發中國家的早期預警、風險減少，以及國家與全球健康風險的管理能力。

二、臺灣細項目標

（一）細項目標

具體目標 3.1：降低孕產婦死亡率。

具體目標 3.2：降低 5 歲以下兒童及新生兒死亡率。

具體目標 3.3：降低愛滋病、結核病、急性 B 型肝炎發生率，維持無瘧疾本土新染病病例，並降低登革熱（DF）致死率。

具體目標 3.4：降低癌症、肝癌及慢性肝病、心血管疾病、糖尿病、慢性呼吸道疾病早發性死亡率及自殺死亡率，並增進國人健康生活型態。

具體目標 3.5：強化物質濫用預防與治療及減少酒精危害。

具體目標 3.6：降低交通事故死亡人數。

具體目標 3.7：增進生殖健康。

具體目標 3.8：實現全民醫療保健覆蓋（Universal health coverage）及永續性。

具體目標 3.9：減少空氣污染、水污染、以及其他污染對健康的危害。

（二）實踐策略

具體目標 3.a：降低吸菸率。

具體目標 3.b：國際衛生條例之達成能力和衛生應急準備措施及強化健康風險管理。

貳　針對 SDG 3：良好健康和福祉觀點與看法以及案例

此目標主要以創建一個沒有貧困、飢餓、疾病、匱乏並適合萬物生存的世界為願景。千禧年發展 8 大目標 (MDGs，Millennium Development Goals) 為永續發展目標 (SDGs) 的前身，而 MDGs 其中有 3 項便與健康推進及醫療保健直接相關，聚焦在保障婦女與孩童族群的健康，傳染病的控制，尤其關注孕、產婦健康及 5 歲以下兒童死亡率，讓社會族群往平等趨近。而在聯合國於西元 2014 年倡議之永續發展目標中的 SDGs 3：良好健康和福祉中，則涵蓋四個範疇：(1) 生命周期健康（孕 / 產婦、新生兒、兒童及老人）；(2) 傳染性與非傳染性疾病及其危險因子（如菸草、物質濫用、道路交通安全、化學危害與污染）；(3) 全民健康覆蓋；(4) 健全健康照護體系。此目標關鍵與重點在於「健康」，健康是身而為人的基本權利，對人類而言，健康是指個人或群體面臨生理、心理或社會的挑戰時，適應及自我管理的能力，WHO 組織法對健康的廣義定義為「健康不僅為疾病或虛弱之消除，而是體格，精神與社會之完全健康狀態。」

這一個目標，最核心便是「健康」，良好的健康和福祉的重點，就是人類的健康，

再者，健康還可以推及動物、植物和環境健康。除了與健康相關的議題，此目標也攸關 SDGs 13：氣候行動、SDGs14：水下生命及 SDGs15：陸域生命的實踐，SDGs 的每一個目標皆彼此互相連結，牽引與影響，使全民可以了解逆轉環境的惡化、改善人類社會、降低疾病及促進身心理健康。而全球暖化將會加速新病毒的出現，森林的砍伐使野生動物更接近人類，提升病毒跨物種傳染的可能性。或許很難想像，但全球科學家推測，新冠肺炎疫情，與氣候變遷、生物多樣性消失有相關性。

西元 2020 年的新型冠狀肺炎 (Covid-19) 對全球人類帶來前所未有的震撼，疫情的蔓延造成人類健康及生命安全的強烈危機，此目標更是受到國際及台灣的重視。從永續發展的視角出發，SDGs3 的關鍵目標為必須確保全民醫療，以及所有人都可取得安全、有效、高品質、負擔的起的基本藥物與疫苗。然而在新冠肺炎疫情的影響下，巨大衝擊不斷，約有 70 國家兒童的常規疫苗接種計劃受到中斷，英國醫學科學學院（Academy of Medical Sciences）的網路調查指出人們對於社交隔離效果的擔心，焦慮和壓力增大是可以預期的，古普塔博士還警告新冠疫情帶來的不同社會和經濟影響，包括家庭暴力的上升、貧困上升的風險以及危機應對所造成的財政困難。

全球發達國家有強有力的醫療體系，並且都採取了大致相似的方式來抗疫，封鎖、保持社交距離、鼓勵更加重視雙手清潔，同時加上部分城市的宵禁令等。在新冠疫情的爆發後，我們看到歐美先進國家的防疫措施：冰島在西元 2020 年 1 月尚未有 1 例新冠死亡病例時，就禁止 20 人以上的聚會；紐西蘭在出現 6 例死亡病例時就實行了全國封鎖；德國成立了歐洲最大的測試、追蹤和隔離計劃；丹麥於 2020 年 3 月就宣布關閉學校。從全世界看台灣，台灣的防疫成果是舉世矚目的，臺灣在一開始就成立疫情控制中心，封鎖大陸入境，口罩國家對生產及分配政策，民眾居家檢疫，醫療系統的充分準備都是臺灣防疫成功的要件。

以上新冠疫情的情形發展，都是全球人民對 SDGs3 的切身感受案例，從重大傳染病到防疫措施，從身體健康到心理健康的保健，從醫療保健到健康風險的管理，都是

SDGs 3 的終極目標，回歸到「不遺漏任何一個人」的初衷，使全民都能夠觸及醫療公衛服務，若每個人都有良好的健康狀況，將會是推動社會發展建成的有力行動者。綜上所述，當我們思考到 SDGs 3 良好健康與福祉時，不再僅是醫療衛生保健而已，也需要考量教育、生命價值，以及所衍生的糧食安全、飲用水安全、氣候環境及全球夥伴合作關係。

未來，我們都有權利、責任與機會，讓世界變得更好，想要讓生活更美好，關於 SDGs3 良好健康與福祉，我們要怎麼做呢？我們可以 (1) 認識並分享維持健康的方法；(2) 勤洗手並保持規律運動；(3) 注意身體健康並拒絕危險因子（菸酒、藥物濫用、交通安全、傳染疾病、化學危害與污染）；(4) 注重心理健康；(5) 實踐全民醫療，人人接種疫苗。

參 SDG 3 延伸問題

1. 請觀察自己身邊的親戚朋友，有哪位親友得到過傳染病、慢性病、癌症等疾病嗎？請問對這些親友得病的感受如何？會想要如何關心這些親友呢？請告訴我們一個您感受最深的小故事。

2. 請觀察自己身邊的親戚朋友，有哪位親友有抽菸、喝酒、或濫用藥物(毒品)的行為嗎？您會想要勸他們戒菸戒酒戒毒品嗎？您會怎麼做呢？如果身邊沒有這樣行為的親友，請問您對菸、酒、濫用藥物，有什麼樣的看法呢？

3. 新冠肺炎改變了世界的結構，人們的生活方式，以及心理世界的感受。請問這次的新冠肺炎的經歷，您的心理是否有焦慮、不安或其他負面心理的感受？覺得您的生活改變最大的是哪一部分？對您的家庭、您的親友或工作的最大衝擊是什麼呢？新冠肺炎帶來的不僅僅是負面的影響，請問新冠肺炎對世界、對您的生活的改變，有哪個部分您覺得是正面的影響呢？

肆 SDG 3 教學實踐點子

SDGs 目標：良好健康和福祉

確保健康及促進各年齡層的福祉，透過預防與治療消除傳染性 / 非傳染性的疾病，並促進生理健康。

學習目標

了解近代出現的傳染疾病，包括疾病起源、症狀、傳染媒介、如何結束；並對未來疾病有預警概念，減少風險並擁有健康風險的管理能力。

核心素養

引自 Education for Sustainable Development Goals：Learning Objectives

□ 系統思維　■ 預期未來　□ 價值反思　□ 創新規劃
■ 溝通協作　□ 批判思考　■ 自我意識　□ 解決問題

核心素養呼應說明

了解影響人類的傳染及非傳染疾病，在團體活動中讓學生溝通合作討論現代疾病，並讓學生了解疾病並提出警示，使學生擁有健康風險的管理能力。

實施方式	內容說明
引起動機	從了解現代疾病的活動當中，讓學生知道如何透過預防與治療，減少疾病產生的問題，促進學生心理及生理健康。
發展活動	1. 將學生分組，發給每組學生一張小卡紙。 2. 請每組學生選擇一種近代的傳染病 / 非傳染病，請學生上網了解這種疾病，討論疾病發生的緣由、發生年代、發病徵兆、傳染媒介、致死率、解決方法、疾病流傳時期 (多久) 等相關資料並記錄於卡紙中。 3. 請每組同學上台解釋他們找到的疾病的相關資料，但是不可以說出是哪一種疾病。 4. 請其他組的同學針對上台發表的同學一邊詢問問題，一邊搶答。 5. 答對的同組同學期末總成績 +1。 6. 最後再給學生一個 Q&A，現在的資訊發達，交通便利，因此傳染疾病的散播速度比以往要來的迅速，以學生的想法及看過的相關影視發想，請問他們預測未來會發生什麼疾病？以及預防的方法？藉此提供學生們預防傳染病的方法也了解傳染病散播的途徑。
綜整活動	一班共分為六組，因此在這個活動中，全班同學可以學到六種現代疾病的相關訊息，教師可依這六種現代疾病的資訊，連結 SDG3 良好健康和福祉，引導學生了解疾病、疫苗及醫藥的研發、藥物濫用的預防等資訊，落實學生的風險管理的能力。
教學提醒	在每一小組決定疾病時，老師要先了解一下，避免有小組報告相同疾病的狀況發生。
參考資料	聯合國永續發展目標 (SDGs) 說明

04 優質教育

設計者：鄭岳和

線上教學

壹 國際與臺灣細項目標

針對目標 4 以下點列國際細項目標與臺灣的細項目標，以利於全面瞭解此目標關鍵細項內容。

一、國際細項目標

（一）細項目標

4.1 在西元 2030 年以前，確保所有的男女學子都完成免費的、公平的以及高品質的小學與中學教育，得到有關且有效的學習成果。

4.2 在西元 2030 年以前，確保所有的孩童都能接受高品質的早期幼兒教育、照護，以及學前教育，因而為小學的入學作好準備。

4.3 在西元 2030 年以前，確保所有的男女都有公平、負擔得起、高品質的技職、職業與高等教育的受教機會，包括大學教育。

4.4 在西元 2030 年以前，大幅增加掌握相關就業、獲得體面工作和企業管理等相關職能，包括技術或職業技能青年與成人人數。

4.5 在西元 2030 年以前，消除教育上的兩性不平等，確保身心障礙者、原住民以及弱勢孩童等弱勢族群平等獲得各階級教育與職業訓練。

4.6 在西元 2030 年以前，確保所有的年輕人以及成年男女，都具備讀寫以及算術能力。

4.7 在西元 2030 年以前，確保所有的學子都習得促進永續發展的必要知識與技能，包括永續發展教育、永續生活模式、人權、性別平等、和平及提倡非暴力、全球公民意識、文化差異欣賞，以及文化對永續發展的貢獻。

關鍵字：教育、貧困、人權、全球公民意識

（二）實踐策略

4.a 建立及提升適合孩童、身心障礙者以及兩性的教育設施，並為所有的人提供安全的、非暴力的、有教無類的、及有效的學習環境。

4.b 在西元 2020 年以前，將全球開發中國家的獎學金數目大幅增加，尤其是未開發國家 (LDCs)、發展中小島嶼國家 (SIDS) 與非洲國家，以提高高等教育的受教率，包括已開發國家與其他開發中國家的職業訓練、資訊與通信科技（以下簡稱 ICT），技術的、工程的，以及科學課程。

4.c 在西元 2030 年以前，將合格師資人數大幅增加，包括在開發中國家進行國際師資培訓合作，尤其是 LDCs 與 SIDS。

二、臺灣細項目標

（一）細項目標

具體目標 4.1：確保 15 歲的男女學生都能完成免費、公平及高品質的基礎義務教育，確保學生獲得基本學歷。

具體目標 4.2：提供社區公共托育家園的創新服務型態，以及擴大近便性與可及性兼具的公共化教保服務，增加幼兒入園的機會，並確保弱勢幼兒接受教保服務的機會。

具體目標 4.3：確保青年及成人都有公平、負擔得起、高品質的高等教育受教機會。

具體目標 4.4：提升青年獲取資通訊科技（ICT）技能，增加青年獲得相關工作的技術與職業技能。

具體目標 4.5：確保弱勢族群接受各階級教育的管道與職業訓練，包括身心障礙者、原住民以及弱勢孩童。

具體目標 4.6：建立社區大學等多元終身學習管道，提供成人多元學習機會，持續提供民眾及多元族群的教育服務，促進成人終身學習參與能力。

具體目標 4.7：落實推動教育部人權及公民教育中程計畫，據以強化教師認識公民、人權及性別平等教育等，活化融入各類課程，持續暢通學生參與公共事務的管道。另建立完備的專業認證環境教育設施場所，並持續推動多元文化、多樣性發展、文化近用等相關政策，確保學習者掌握推動永 續發展所需的知識和技能。

（二）實踐策略

具體目標 4.a：建設及提升高級中等以下學校網路資訊環境；提供身心障礙學生相關設施輔助，以利有效學習。

具體目標 4.b：為提升教育品質，應維持教學現場進用合格師資人數。

貳　針對 SDG 4：優質教育觀點與看法以及案例

「我們決心消除一切形式和表現的貧困與飢餓，讓所有人平等和有尊嚴地在一個健康的環境中充分發揮自己的潛能」。西元 2015 年 9 月聯合國於成立七十週年之際揭櫫此永續發展的理想，標誌人類意欲攜手行動與變革的決心。此理想最終能否實現，教育佔據了關鍵性的地位。唯有透過教育獲得語言、思考、知識與技能，人才能意識到「人人生而自由」的事實。從而在所處的生活情境中，起身捍衛並因此體驗到自身的尊嚴與權利。

從永續發展的視野出發，教育不是優勝劣汰的競賽，而是不遺漏任何一人的努力。對習於關注利益、攫取資源的現代心靈，這是人文價值的實踐與挑戰。對所有人的關懷與承擔，不僅激發行動，也打開知識的向度。

建立公平性的作法，不能僅將不義推擠到邊緣或他處，而需要真誠的面對眼前可見的公平與不可見的不公間的關連。這意味著進入生活世界的個體，對世界、生命、不公、困難、衝突等等，有真實的關懷與行動。所謂永續發展教育，即包含對人類的生活模式、人權、平等、和平、全球公民意識、文化差異等的認識與反思。而在實踐層面，優質教育目的在「確保包容和公平的優質教育，促進所有人的終身學習機會」。前者幫助落在最後面的人，後者則聚焦於所有人發揮潛能，朝向人類共通的永續未來。

根據聯合國 SDGs 工作報告，西元 2014 年大約 2.63 億兒童和青年輟學。其中撒哈拉以南非洲和南亞的小學和中學教育失學人口佔全球70%以上；西元 2015 年全世界 6.17 億 (即50% 以上) 的小學和初中年齡兒童和青少年，達不到最低閱讀和數學熟練程度。其中大約三分之二在學，但沒有在教室裡學習或已輟學；西元 2018 年仍有 2.58 億 6 歲至 17 歲的兒童、青少年和青年人失學。

西元 2021 年的報告則指出，COVID-19 大流行導致全球三分之二的學生仍因學校完全或部分停課而受到影響。因疫情造成的後果，西元 2020 年又有 1.01 億兒童和年輕人的閱讀能力滑落到最低水平以下，導致過去 20 年取得的教育成果付諸東流。在全球因商業、科技等發展而緊密相連的當代，這些數字是否與我們無關，或應視為落在最後面的人，是此處需反思的問題。要確實的進行對所有人優質教育，需要在傳統教育體系的投入以外，有更多的的資源整合、連結與行動。而如何補救和追趕因大疫情而帶來的破壞性後果，甚或透過此一契機建構永續發展的教育理念，則有待更多知識份子、教育者的創新性思維與行動。

目前國外著名的非正式教育組織，如美國 TFA (Teach For America)、英國 Teach First，以及結合 60 個獨立教育組織的全球平台 TFA (Teach For All) 等。TFA 認為所有孩

子都應得到：能支持健康地發展的教育服務、滿足不同需求的教育系統、學習如何挑戰他們所面對的不公正、獲得導航與領導他們將繼承的世界的工具。

此正呼應 SDG4 優質教育所提倡的教育理念，如開展永續發展生活方式、人權和性別平等方面的教育、弘揚和平和非暴力文化、提升全球公民意識，以及肯定文化多樣姓和文化對永續發展的貢獻等。

台灣的 TFT(Teach for Taiwan) 則聚焦於教育不平等現象，透過 TFT 計畫培訓多元人才到偏鄉的教育現場，成為兩年全職的國小老師，並與現場協力帶動改變，為孩子創造優質教育環境。至目前為止已與 68 間學校合作，影響超過 5 千名學童。

參 SDG 4 延伸問題

1. 請觀察自身的受教育經驗，就學習歷程、內容、價值方向、成果預期等，思考如此的教育，是有助於或有礙於實踐永續發展的理想？請依據自身的真實經驗，說明肯定或否定的理由。

2. 若要對所有人提供優質教育，請觀察自身與他人在真實處境中的學習經驗，比較在城市與偏鄉、富裕與貧窮、頂大與後段學校、以及家庭境況的差異現實中，國家社會應提供什麼樣的資源與行動，才能實現這個目標？

3. 請由自身或家庭的經驗出發，舉例說明若要促進永續發展（包含經濟、環境、社會），首先需要的知識與價值觀為何？

肆 SDG 4 教學實踐點子

SDGs 目標：優質教育
希望透過課程小活動，引導學生了解各國教育現場，進而探討優質教育之內涵。

學習目標
了解目標 4 之內容，依據聯合國教科文組織（United Nations Educational, Scientific and Cultural Organization, UNESCO）所提供之學習目標，讓學生首先了解到教育的重要以及各國人民與各國教育現況。

核心素養
引自 Education for Sustainable Development Goals：Learning Objectives

☐ 系統思維　☐ 預期未來　■ 價值反思　☐ 創新規劃
☐ 溝通協作　■ 批判思考　☐ 自我意識　☐ 解決問題

核心素養呼應說明
讓學生看到其他國家的教學現場，漸進式的反思到自己所處之教學環境以及教育政策。

實施方式	內容說明
引起動機	1. 使用 Google Earth 讓學生以視覺的方式初步觀察其他國家的教育現場。 2. 先將同學分為 7~8 組，並分別給每一組同學一個國家 (需要在 Google Earth 中有的)。 3. 請同學到 Google Earth 中的旅行家，在教育類下方，有一個 This is school 的類別內找到自己選擇的學校照片。
發展活動	1. 活動進行時，請同學先聚焦觀察：(1) 教室內的布置；(2) 課桌椅的排法；(3) 周圍的環境 ；(4) 簡單的介紹 Google 上的文字；(5) 與他們認識的台灣教育現場有甚麼不一樣？ 2. 討論完後，讓學生分組上台報告自己的觀察，一人一題。
綜整活動	在這些照片中可以初步的了解到各國的文化以及資源會影響他們在教學現場的狀態。由這個簡單的活動中可以了解到，優質教育的推動，在每個地區都會有不一樣的挑戰。
教學提醒	這個活動僅提供學生一個管道去了解到某些國家的教育現場，希望可以讓學生從教育現場的差距，進而引發他們對於優質教育這個目標的初步興趣。 Google Earth 中有兩個墨西哥的學校，可以請選擇同一個國家學校的學生進行兩所學校不同以及相同處的比較。
參考資料	Google Earth

線上教學

壹　國際與臺灣細項目標

針對目標 5 以下點列國際細項目標與臺灣的細項目標，以利於全面瞭解此目標關鍵細項內容。

一、國際細項目標

（一）細項目標

5.1 消除全球對婦女與女童一切形式的歧視。

5.2 消除公開及私人場合中對婦女與女童一切形式的暴力，包括販賣、性侵犯，以及其他各種形式的剝削。

5.3 消除童婚、未成年結婚、強迫結婚，及割禮等一切傷害。

5.4 提供公共服務、基礎建設與社會保護政策認可及尊重婦女無給職的家庭照護與家事操勞。依據國情提倡家事由家人共同分擔。

5.5 確保婦女全面參與政治、經濟與公共生活的決策，與進入各個階層決策領導層的公平機會。

5.6 依據《國際人口與發展會議行動綱領》（以下簡稱 ICPD）、《北京行動綱領》，與歷次檢討成果書，確保每個地方的人都有管道取得性與生殖醫療照護服務。

關鍵字：性別平等、性別歧視、性剝削、女權、婦女參政

（二）實踐策略

5.a 依據各國法律進行改革，提供婦女公平的經濟資源權利，及享有對土地與其他形式的財產、財務服務、繼承與天然資源的所有權與掌控權。

5.b 改善技術能力，特別是 ICT，以增強婦女權能。

5.c 採用及加強合理政策及可執行的立法，促進兩性平等，提高各個階層女性的能力。

二、臺灣細項目標

（一）細項目標

具體目標 5.1：降低出生性別比。

具體目標 5.2：降低女性過去 12 個月遭受目前或過去伴侶施暴（身體、性或精神）、或伴侶以外性侵害的女性比率。

具體目標 5.3：修正女性法定最低結婚年齡為 18 歲，並降低未達法定結婚年齡的結婚登記人數比率。

具體目標 5.4：降低有偶女性與其配偶間（含同居）無酬家務與家庭照護的時間落差。

具體目標 5.5：鼓勵各級行政機關晉用女性擔任主管及首長，對政黨宣導培力女性及促進女性參政，增加女性警官及上市櫃公司女性經理人的比率，並輔導鼓勵女性擔任企業代表人。

具體目標 5.6：研議修正優生保健法草案，並提升女性自主權。

貳　針對 SDG 5：性別平等觀點與看法以及案例

　　性別平等是當代憲政人權議題中極受關注的面向，其強調所有人類，無論在生物性別上屬於男性、女性或其他狀態，都應在社會生活與公共事務中受到公平對待，不應因性別差異而蒙受不合理的差別待遇。

　　聯合國大會 (UN General Assembly) 於西元 1948 年通過的「世界人權宣言」(The Universal Declaration of Human Rights) 第二條指出，所有的人都享有相同的人權保障，不因性別屬性而有差異。鑑於在主流人類文明中，女性通常在性別問題處於相對弱勢，遭受諸多不當對待，聯合國大會於西元 1979 年時進一步通過「消除對婦女一切形式歧視公約」(The Convention on the Elimination of All Forms of Discrimination against Women, CEDAW)，要求成員國積極保障婦女權益，消除社會中各種對女性的歧視現象。

　　制定永續發展目標時，聯合國更將性別平等納為目標清單第 5 項，指出常因性別問題受到不公對待的婦女，對於永續發展目標的落實具有關鍵作用，並呼籲成員國於行政及立法領域加強完善本國的性別平等和女權保障工作。

　　我國作為亞太地區民主典範，對於性別平等議題同樣高度重視。鑑於中華文化脈絡與傳統社會觀念中存在諸多對女性的壓抑，我國憲法第七條有關平等權的規定中清楚指出中華民國國民不分性別，在法律上一律平等。立法院也根據憲法理念及聯合國公約精神，先後制定了《消除對婦女一切歧視公約施行法》、《性別工作平等法》與《性別平等教育法》等法規，不僅展現對於聯合國公約的認同尊重，更力求於職場中保障女性勞工的工作權益，並在教育階段為青年學子奠立性別平等的知識基礎。

　　參考行政院性別平等會出版的《2021 年性別圖像》，可發現我國在性別議題中的表現於國際社會中已屬相對進步。例如根據聯合國開發計畫署 (UN Development Program, UNDP) 的「性別不平等指數」(Gender Inequality Index, GII) 的計算標準，

我國於西元 2019 年的性別平等水準高居全球第 6、亞洲第 1。若根據世界經濟論壇 (World Economic Forum, WEF) 的「性別落差指數」(Gender Gap Index, GGI) 換算，我國的性別平等水準在參與調查的 153 個國家中排序第 29。雖然在宏觀調查上表現尚稱亮眼，但若深入檢視我國婦女在公共事務影響力、人身安全、醫療照護、婚姻與家庭生活中的定位，乃至於在教育、文化、媒體、科技、環保等面向的實際生活處境，仍可察見許多女性遭受貶抑的情形。

值得注意的是，報告也指出男性在我國社會中同樣可能遭遇各種艱困境遇，例如我國校園性霸凌受害者多為男性、男性國民的自殺率與身心障礙比率皆遠高於女性等，凡此皆說明無論男性或女性，都應更加重視性別平等議題。

面對性別平等爭議，聯合國婦女署 (UN Women) 近年積極推動的「他為她」 (HeForShe) 運動具有重要啟發意義：所謂的性別平等，不只是女性的問題，更是跨越性別的共同問題、根本的人權保障問題，遭遇歧視的婦女固然應勇敢挺身而出，男性與其他沈默大眾也不應作壁上觀，唯有性平觀念普及並獲得良好實踐的社會，不同性別的公民才能在日常生活中獲得公平良好的對待。這不僅是我國人民理當持有的共同信念，也應是我國未來推行公共治理時應當持續努力的方向。

參 SDG 5 延伸問題

1. 我國先前發生警務人員堅持蓄長髮，因違反警察人員儀容規定遭連續記 36 支申誡，最終選擇請辭警職的事件。社會輿論對此有兩種截然不同的看法，部分意見認為警政署的作法牽涉性別刻板印象和歧視，應受譴責；但亦有論者指出警務人員若無端正儀容，民眾將難以產生信賴感，不利警察勤務的執行。請說明您認為上述兩種論點何者更為合理，並陳述自身想法。

2. 微歧視 (Microaggression) 是近年頗受各界關注的議題，其意指細微而不易察覺的歧視表現，請回顧您的生命經驗中，是否曾因性別議題而遭遇過他人的微歧視，或是在不經意間微歧視他人的經驗，並分析其中原由與可行的改善之道。

3. 根據《性別平等教育法》第 14 條的規範，我國對於性別平等的界定除男女兩性外亦涵蓋多元性別價值。然而我國西元 2018 年舉行的公民投票中，多數民眾認為不應於國中小階段實施同志教育。請回顧該案內容，並參閱性別教育平等法與憲法第 7 條關於平等權之規定，思考並分析此一公投結果背後的原因何在，及其是否與性別平等原則相抵觸。

肆 SDG 5 教學實踐點子

SDGs 目標：性別平等

期望透過活動辦理，引導學生深入認識性別平等議題的重要性，及其在我國國民生活中的現況，探討散見於日常之中的性別刻板印象和隱形歧視。

學習目標

經由閱覽專業法律文獻與統計數據圖像，配合小組討論活動與個人生活經驗分享，使學生得以兼具專業與趣味的方式，深入認識性別平等的議題內容、我國性平工作的治理現況與成就，同時察見各種不足之處與可能的改進方向。

核心素養

引自 Education for Sustainable Development Goals：Learning Objectives

☐ 系統思維　☐ 預期未來　☐ 價值反思　☐ 創新規劃
■ 溝通協作　■ 批判思考　☐ 自我意識　☐ 解決問題

核心素養呼應說明

1. 溝通協作：以小組討論與個人經驗分享等環節增進學生的溝通交流能力。
2. 批判思考：引導學生反思社會生活中存在卻常被忽略的各種性別刻板印象。

實施方式	內容說明
引起動機	本活動的動機包含以下三項： 1. 我國性別平等維護於國際間獲得肯定，部分數據統計結果甚至高達亞洲各國之首，如此成就與其背後的社會文化成因值得探討。 2. 我國國內性別環境雖然日趨友善，但實際上仍然存在諸多不足之處，有待政府與大眾賦予更多重視。 3. 性別平等並非抽象議題，一般民眾與學子若能細心體察，當可在個人的生命經驗與日常生活察見許多根深蒂固的性別刻板印象與隱形歧視造成的影響。
發展活動	本活動規劃流程涵蓋以下五個主要步驟： 1. 議題背景講授：授課教師講解議題專業學理背景，說明性別不平等指數 (GII Index) 國際排名、憲法 §7 平等權中關於性別平等規範之法學意涵，以及釋字 §365、§457、§748 等代表性性平爭議案例的釋憲案內容。 2. 臺灣性別的 15 張圖像：授課教師摘引行政院性別平等會發表之《2020 年性別圖像》，以可視化圖表向學生呈現我國性別平等各面向的現況如：性平國際排名、兩性薪資落差、兩性公共事務參與比例、性別自殺率對比…等。 3. 小組討論（第一階段：性平圖像的意義思索）：以 4-6 人進行小組劃分，各組推選主持人、記錄人與資料查詢人各一名，針對展示圖像逐一提出意義分析、原因推估與小組觀點，藉此歸納我國性平工作的現行成果與亟待改善的面向。 4. 小組討論（第二階段：生命中的性平風景）：延續前階段編組，各組學生逐一分享個人自身生命經驗中曾親身見聞的性別刻板印象與性別歧視等問題。 5. 活動總結：各組學生分享其討論成果與發現，教師進行總結講授。

綜整 活動	經由本活動的實施，期望達到以下三項目標： 1. 完整呈現我國目前的性別平等治理成果與不足之處。 2. 引導學生察見性別刻板印象的廣泛存在與無形影響。 3. 鼓勵學生思索個人在性平議題中能夠發揮的正向作用。
教學 提醒	1. 對於性平議題的講解，或可結合新聞時事與近年於網路空間中受到關注的相關主題如「女權自助餐」、「仇女／仇男」等共同進行討論，藉以連結修課學生的線上生活經歷。聚焦討論內容。 2. 第一階段的討論對於不具法政知識背景的學生在起步時或略顯艱澀，授課教師與教學助理人員可視情況輪換加入各小組討論，協助學生掌握議題主軸並聚焦討論內容。

 行政院性別平等委員會，《2020 年性別圖像》

 法務部全國法規資料庫，《中華民國憲法》

 釋字第 365 號解釋

 釋字第 457 號解釋

 釋字第 748 號解釋

線上教學

壹　國際與臺灣細項目標

針對目標 6 以下點列國際細項目標與臺灣的細項目標，以利於全面瞭解此目標關鍵細項內容。

（一）細項目標

6.1 在西元 2030 年前，讓全球的每一個人透過公平管道，取得安全且負擔的起的飲用水。

6.2 在西元 2030 年前，讓每一個人都享有公平及適當的衛生環境，終結露天大小便，特別注意女童、婦女和弱勢族群的需求。

6.3 在西元 2030 年前，透過改善水質，減少污染，消除廢棄物傾倒，減少有毒物化學物質與危險材料的排放，將未經處理的廢水比例減半，大幅增加全球廢物回收與安全再利用。

6.4 在西元 2030 年前，大幅增加各個產業的用水效率，確保永續的淡水供應與回收，以解決水饑荒問題，並大幅減少缺水人數。

6.5 在西元 2030 年前，全面實施一體化的水資源綜合管理，包括跨界合作。

6.6 在西元 2020 年前，保護及恢復跟水有關的生態系統，包括山脈、森林、沼澤、河流、含水層，以及湖泊。

- **確保所有人都能享有水及衛生及其永續管理。**

關鍵字：水饑荒、安全飲用水、改善水質、淡水回收、廢水處理、水生態系統

（二）實踐策略

6.a 在西元 2030 年前，擴大對開發中國家的水與衛生相關活動與計畫的國際合作與能力培養支援，包括雨水採集、海水淡化、提高用水效率、廢水處理、水回收和再利用科技。

6.b 支援及強化地方社區的參與，改善水與衛生的管理。

二、臺灣細項目標

（一）細項目標

具體目標 6.1：供給量足質優的水源及自來水，保障用水安全。

具體目標 6.2：公廁潔淨化管理，提升列管公廁總量的 80% 以上達到「特優級」評鑑水準。

具體目標 6.3：改善民眾居住衛生，提升河川水質；加強推動廢污水妥善處理；以公共污水廠二級處理放流水循環利用作為新興水源，提升水資源利用效率、降低傳統水資源開發需求；加強事業廢污水排放稽查管制，查緝可疑污染源，遏止水質污染情形發生；優化河川水質以保障國民健康及維護生態體系；強化化學物質流向勾稽，精進管理效能。

具體目標 6.4：推動節約用水工作，提升用水效率，使平均用水量不再顯著成長；推動工業區內廠商用水回收率；推動科學園區廠商製程用水回收率；推動加強節水、再生水及海淡水等多元水源，使年淡水取用量不再顯著成長。

具體目標 6.5：推動水資源綜合管理。

具體目標 6.6：持續推動流域綜合治理，兼顧環境景觀及棲地營造；維持臺灣本島 20 座主要水庫有效容量加權平均卡爾森優養化指數 (CTSI)45 以下；推動全國河川、湖泊、水庫、灌溉渠道底泥品質定期檢測，逐步建構底泥品質資料庫；加速推動污染場址改善工作，確保土地及地下水資源永續利用，維護國民健康；推動企業及團體認養海岸，提升企業愛護地球，善盡地球公民的責任。

（二）實踐策略

具體目標 6.a：持續協助在開發中國家推動改善當地水與衛生相關計畫（同具體目標 17.4）。

具體目標 6.b：持續推動社區參與，鼓勵民眾進行污染通報、髒亂清理及河川巡守等工作。

具體目標 6.c：改善空氣品質，維護國民健康。

具體目標 6.d：加強一般廢棄物減量，促進資源回收。

具體目標 6.e：加強事業廢棄物資源循環利用，妥善處理事業廢棄物；推行科學園區總量管制策略，輔導園區廠商減少廢棄物產量並提升再利用率。

貳 針對 SDG 6：潔淨水資源觀點與看法以及案例

生命之源水知道，水在人的身體中約佔體重的 70%，人體如果喪失 10% 的水分就會感到不適，喪失 20 ~ 25% 的水分就會對生命帶來危險。水分在人體中主要功能是幫助人體正常的運作，運送養分及氧氣、調節體溫、代謝廢物及維持心血管系統循環等作用。水對人體健康很重要，也是地球上任何生物、生命體的必需物質。但是，水資源淡水的短缺問題，卻是全世界城市面臨的首要問題。隨著城市工業化，不少的水資源被汙染，預估至西元 2050 年，全球將會有 46% 的城市人口缺水，人類漸漸無

法取得安全且負擔的起的飲用水，淡水戰爭爆發的可能性越來越高。

此目標主要談及保護水資源，改善水質，減少水汙染，供給量足質優的水源及飲用水，以及保障用水安全。SDGs 6 潔淨水資源的核心就是「水」，從太空俯瞰地球，地球是一個大水球，總體來說地球的儲水量很豐富，共有 14.5 億立方千米。除去海洋等鹹水資源外，人類能直接使用的淡水資源僅占其總水量的 2.53%，然而 87% 的淡水資源人類難以利用 (南極和北極的冰蓋及高山冰川和永凍積雪)。

人類真正能夠利用的淡水資源是江河湖泊和地下水中的一部分，約占世界總淡水的 0.26%。全球淡水資源不僅短缺而且分布極不平衡，在全球 15 個極度缺水的國家中，其中有 12 個位於中東和北非地區包括阿爾及利亞、利比亞以及沙特、葉門等地的貧窮國家。你或許不知道臺灣是全世界排名第 18 的缺水國家，在都市化效應、溫室效應、環境汙染及濫墾濫伐下，台灣可以用的水好像越來越少。西元 2021 年臺灣面臨了 50 年來最嚴重的乾旱，「缺水問題」促使我們開始關懷用水問題，思考水的價值 (Valuing Water)。

目標 6 潔淨水資源介紹到這裡，最關鍵的是「水」，孕育地球上所有生命的水資源，以下跟同學們分享國際與國內與水資源相關的保育故事。

用科學解決水汙染，時代雜誌首位「年度風雲兒童」

美國印度裔的 15 歲「科學少女」吉坦哈利‧拉奧 (Gitanjali Rao)，她從 5 千名被提名者中脫穎而出，原因不僅在於她善用科學解決水汙染、網路霸凌問題，更在於她的熱情，她把「正面力量」帶進居住的地方。

故事的起源於美國密西根州的弗林特市，因為節省開支於西元 2014 年不再使用底特律的淡水供水系統，而改用當地河流為飲用水源。但是河水的鹽含量高，對金屬材質的供水管造成腐蝕生鏽，金屬鉛由此進入水中，釀成嚴重的兒童鉛中毒，爆發弗林

特水污染事件（Flint Water Crisis）。西元 2016 年弗林特市有超過 4 萬 2000 名兩歲以下嬰幼兒發生鉛中毒，震驚美國社會。

拉奧基於「奈米碳管技術」，發明了一種能夠快速且廉價檢測飲用水中鉛汙染的裝置特提斯洋 (Tehys)。Tethys 只需使用電池連結手機的奈米碳管與插槽，便可以在 10 秒內得知飲用水是否含鉛。拉奧改變了因大規模水汙染而苦惱的密西根州居民生活，拯救了當地的嚴重飲用水問題。

臺北的「海綿城市」：

臺北市的水利施政新目標為透過保水的概念，利用滯洪與保水貯留設施來增加容受度，取代過去期待迅速排水的思維，強調「容忍度」的概念。

海綿城市是指讓城市重新找回土地吸水的能力，城市本體就像海綿一樣，能夠容納水體，提升治洪韌性。這其實就是西方新興的「城市與水共存」的概念，強調水質的淨化，都市逕流、雨水的淨化。在臺灣，水利防洪利用海綿城市的構想提升了韌性，將海綿城市納入水利防洪的一環，將汙水下水道和雨水下水道分開，做到「水利歸水利，水質歸環保」的分工。政府在打造海綿城市的作為，除了綠化之外，持續將人行道新設或更改為透水鋪面，增加雨水的入滲量，實踐土地承水，將自然的狀態還給自然。至於個人實踐海綿城市的作法，只要人人都增加一點留水的觀念，從排水改為保水，就是一種自我負責的方式。

上面的兩個故事，都是目標 6 維護潔淨水資源的實踐故事。水是每個人的責任，我們的日常生活與水息息相關，許一個不缺水的未來願望吧！我們要怎們做呢？我們可以 (1) 節約用水，淋浴取代泡澡，洗菜洗米水二度利用，減少水資源的使用量；(2) 不要將垃圾、菸蒂及有毒化學物質沖入下水道；(3) 發現漏水立即報修，減少水資源浪費；(4) 燈泡、電池、藥物等特殊用品確實回收，減少水資源汙染。

SDG 6 延伸問題

1. 西元 2021 年 5 月是臺灣近 20 年來的大乾旱，請您回想一下，這次的乾旱，對您造成什麼影響？請問您家中有做哪些防旱的措施呢？請問您知道學校有做哪些節水措施嗎？請您提供一個隨手節水的小方法。

2. 地球是一個大水球，儲水量很豐富，您知道人類能直接使用的淡水資源占總水量多少 (%) 呢？人類真正能夠利用的淡水資源是江河湖泊及地下水，您知道能夠利用的淡水占地球總淡水量多少 (%) 呢？全球淡水資源不僅短缺且分布及不均勻，請您上網查詢全球極度缺水的國家位於何處？是那些國家呢？

3. 臺中科技大學位於中部，請問有哪些水庫位於中部呢？請問您的家鄉有哪些水庫呢？請問您是否曾經參觀過哪一處的水庫呢？

肆 SDG 6 教學實踐點子

SDGs 目標：潔淨水資源

確保全球的人都能有公平的管道，享有水及衛生及其永續管理，減少因為水計畫而受苦的人數。保護及恢復跟水有關的生態系統，改善水與衛生的管理。

學習目標

了解台灣的水資源，本島的主要河川分佈及主要水庫分佈。從環境保護的面向反思自己的作為／不作為可能帶來的影響，並發展可行的解決水資源方法，提升永續發展。

核心素養

引自 Education for Sustainable Development Goals：Learning Objectives

■ 系統思維　□ 預期未來　■ 價值反思　□ 創新規劃
■ 溝通協作　□ 批判思考　□ 自我意識　□ 解決問題

核心素養呼應說明

藉由了解台灣主要河川來思考確保永續淡水供應，在團體活動中讓學生共同討論水資源分佈，並讓學生了解缺水的困境，反思如何以自身的能力來解決水飢荒問題。

實施方式	內容說明
引起動機	台灣幾乎年年有水荒，希望藉由團隊合作了解水資源，反思自身的行為可以對地球的保護，提升學生永續發展的概念，喚醒學生省水節源的觀念。
發展活動	1. 將學生分組，發給每組學生一張台灣地圖。 2. 將 25 條主要河流及 18 個主要水庫名稱印在一張紙上，請同學上網查詢、討論並將河流及水庫名稱照位置貼上去。 3. 請學生們將做好的台灣河流地圖互相交換審查是否有錯誤。 4. 將做好的地圖貼在黑板上讓全班同學觀賞，並討論台灣為何年年水荒的原因。 5. 河川及水庫地圖完成無誤的同組同學期末總成績 +1。
綜整活動	在排列河川及水庫的同時，也可以請同學備註一些相關資訊，例如河川長度、豐水期、水荒的原因。藉由了解台灣水資源的分佈，連結 SGDS6 潔淨水與衛生的條件及內容，引導學生了解可取得的淡水僅佔全世界總水量的 0.03%，反思淡水缺乏的預警以及問題，例如：人類為何需要水？全球的淡水分佈於何處？
教學提醒	台灣地圖需有縣市的區分，方便學生黏貼正確位置。
參考資料	維基百科 - 淡水　　維基百科 - 台灣水庫　　聯合國永續發展目標 經濟部水利局 - 台灣重要河川

臺北市
Taipei City

基隆市
Keelung City

桃園市
Taoyuan City

新北市
New Taipei City

連江縣
Lienchiang County

新竹市
Hsinchu City

新竹縣
Hsinchu County

宜蘭縣
Yilan County

苗栗縣
Miaoli County

金門縣
Kinmen County

臺中市
Taichung City

彰化縣
Changhua County

南投縣
Nantou County

花蓮縣
Hualien County

雲林縣
Yunlin County

澎湖縣
Penghu County

嘉義縣
Chiayi County

嘉義市
Chiayi City

臺南市
Tainan City

臺東縣
Taitung County

綠島
Green Island

高雄市
Kaohsiung City

屏東縣
Pingtung County

蘭嶼
Orchid Island

台灣重要河川並標上由北至南的編號。

No.	河川名稱（西部）	長度	No.	河川名稱（西部）	長度
	蘭陽溪	km		曾文溪	km
	中港溪	km		濁水溪	km
	朴子溪	km		北港溪	km
	四重溪	km		鹽水溪	km
	大甲溪	km		二仁溪	km
	八掌溪	km		阿公店溪	km
	後龍溪	km		高屏溪	km
	淡水河	km		東港溪	km
	鳳山溪	km	No.	河川名稱（東部）	長度
	大安溪	km		卑南溪	km
	急水溪	km		秀姑巒溪	km
	頭前溪	km		花蓮溪	km
	烏溪	km		和平溪	km

台灣主要水庫

新山水庫	七星潭水庫	阿公店水庫	德基水庫	南化水庫
翡翠水庫	霧社水庫	石門水庫	日月潭水庫	牡丹水庫
永和山水庫	仁義潭水庫	寶山水庫	湖山水庫	
鯉魚潭水庫	烏山頭水庫	明德水庫	曾文水庫	

07 可負擔的潔淨能源

設計者：陳鳳涵

 線上教學

壹　國際與臺灣細項目標

針對目標 7 以下點列國際細項目標與臺灣的細項目標，以利於全面瞭解此目標關鍵細項內容。

一、國際細項目標

（一）細項目標

7.1 在西元 2030 年前，確保所有的人都可取得且負擔的起、可靠的，以及現代的能源服務。

7.2 在西元 2030 年以前，大幅提高全球再生能源的共享。

7.3 在西元 2030 年以前，將全球能源效率的改善度提高一倍。

（二）實踐策略

7.a 在西元 2030 年以前，改善國際合作，以提高乾淨能源與科技的取得管道，包括再生能源、能源效率、更先進及更乾淨的石化燃料科技，並促進能源基礎建設與乾淨能源科技的投資。

7.b 在西元 2030 年以前，擴大基礎建設並改善科技，以為所有開發中國家提供現代及永續的能源服務，尤其是低度開發國家 (LDCs) 與小島嶼發展中國家 (SIDS)。

- **確保所有的人都可取得且負擔的起、可靠的、永續的，以及現代的能源。**

關鍵字：再生能源、乾淨能源、能源科技

二、臺灣細項目標

（一）細項目標

具體目標 7.1：確保所有的人都可取得能源服務，並提高潔淨燃料發電占比。

具體目標 7.2：提高再生能源裝置容量及年發電量占比。

具體目標 7.3：提高強制性節能規定能源消費涵蓋率，並降低能源密集度。

貳 針對 SDG7: 可負擔能源觀點與看法以及案例

全球能源問題

幾十年來，煤炭、石油或天然氣等化石燃料一直是世界各地電力的主要來源。燃燒產生大量溫室氣體，導致氣候變遷並對人們的生命財產和環境造成有害影響，所影響的範圍不是少數人，而是每一個人。目前全球的用電量正在迅速增長中，一個國家若沒有穩定的電力供應，將對其經濟發展造成巨大影響。要解決用電問題的最佳方案，就是提高能源使用率與再生能源的比例。

在全球根據國際能源總署估計，仍有約 11 億人無法取得穩定電力，其中半數以上居住於撒哈拉沙漠以南的非洲大陸，因電費太高，讓他們無法負擔，面臨「能源貧窮」（energy poverty）的困境。因此如何設計出好的方案，增加能源可及程度（energy access），是必須努力的方向。

臺灣能源問題

臺灣四面環海，能源 98% 仰賴進口，電力無法跨國支援，提升能源自主及多元至為重要。西元 2021 年臺灣發電結構，燃煤 45%，燃氣 35.7%，核能 11.24%，再生能源 5.4%，水力 1.13%，燃油 1.52%。西元 2017 年 8 月 15 日的全臺無預警大停電和冬季中南部嚴重空污，引發能源穩定度與污染源區域不均的問題。

西元 2021 年 5 月 13 日下午，因高雄路竹興達電廠匯流排故障，導致全臺緊急分區輪流停電。5 月 17 日晚間 8 點，不少人手機都收到將執行緊急分區限電的警訊。這是西元 2021 年 5 月在 5 天內第二次全臺大停電，近兩百萬戶受到影響。

我們能夠思考：能源的公平正義

SDG 目標 7 訂出：在西元 2030 年前，讓人人享有「可負擔的」現代能源的目標，並強調增加再生能源使用比率、提升能源效率的進步速度，提醒各國在能源轉型過程中，要避免能源貧窮和社會不公義的現象。回顧臺灣，生活中已離不開電，但電力相關法案是一個複雜的議題。

《電業法》訂出的西元 2025 年能源占比目標為：燃煤降低到 30%、天然氣增加到 50%、再生能源比例大幅提升至 20%。

在能源可及度幾乎百分之百的臺灣，面對能源轉型是一件刻不容緩的事情，更需要進一步探討目前臺灣所採取的能源轉型策略與制度設計，是否符合社會公平與兼顧環境永續。面對未來的能源轉型，社會大眾與產業界最關心的首先是：「電價會不會漲？」在臺灣收入越少，電費支出負擔越大，因此未來如果電費調漲，恐怕有許多人會面臨能源貧窮的問題。面對社會公平，如何讓負擔電價比例更具有公平性，也是一個很重要因素。

能源轉型與自然保育間的平衡

　　另在增加綠能的設施過程中，如桃園大潭藻礁生態與設置天然氣接收站；離岸風電的投資建設，是否影響保育類白海豚棲地與漁民生計；被國際鳥盟認定為 A1 等級「重要野鳥棲地」的臺東知本溼地，是東海岸最大草澤濕地，卑南族「卡大地布」（Katratripulr）部落傳統領域，政府將在此設置 226 公頃的太陽光電專區。如何跟生態多樣性不發生衝突，仍須評估與捲動更多的在地社區參與，共同討論，調整計畫，而非單方面由政府或企業聘僱的專家為判斷依歸。符合 SDGs 精神的能源轉型，應以「公民價值」為主，而不是「價格導向，以量為主」的綠能推動政策。

　　國際能源署（IEA）於西元 2020 年 10 月發表《2020 年世界能源展望（World Energy Outlook 2020）》報告中提到「太陽能發電現在是有史以來最便宜的電力來源。」臺灣東部和中南部，日照強烈且時間長，是應用太陽熱能和光能發電的理想地方；沿海及離島地區，常年風力強勁，也適合發展風力發電。

　　臺灣綠色學校用太陽能發電的好例子，位在臺東太麻里金針山下的新興國小，在教室屋頂裝設兩組太陽能電板和 3 座風車轉換成電力，供應全校用電，供電幾乎自給自足，讓原本一個月六千多元的電費降至三千多元。新興國小，不僅以太陽能電板發電，同時設計雨水回收系統，收集社區家庭廢水，再用生態池過濾。用來沖洗廁所和澆灌清潔的水，完全用不上自來水。

在荷蘭，民眾大量使用大眾交通工具，其永續、環保觀念很早就深入在生活當中。西元 2017 年，荷蘭將火車全數轉為風力發電，車站內設置很多永續概念設計，如火車站多處月台屋頂上覆蓋太陽能板，供應月台看板所需電力，阿姆斯特丹站內設有風力渦輪機，靠火車頻繁進站的氣流帶動發電。在烏特勒支中央火車站引入特殊的鞦韆，旅客可以「盪鞦韆」產生能量為手機充電。

同時還有歐洲第一條「零傳統能源」（Zero-Energy）街，在荷蘭一座古老而優美的城鎮 Leeuwarden。這條街包含在一項由民間團體所提出的綠色社區行動計畫中，街中的每棟住宅屋頂都裝有太陽能收集系統，供應居家用電；而家家戶戶所裝的太陽能熱水爐，則可利用太陽熱能將收集的雨水加熱，並循著牆內的導熱管線布於各房間，在寒冷的冬天提供溫暖，省下不少能源的耗費。

參 SDG 7 延伸問題

1. 臺灣的能源高達 9 成來自於進口。臺灣能源發展目標為確保能源安全、綠色經濟、環境永續及社會公平之均衡發展。請問再生能源有哪些？臺灣目前適合使用哪些再生能源？政府、企業、與家庭可採取哪些行動提高臺灣能源自給率？

2. 臺灣的電力逾 80% 來自火力發電（意即灰電），煤炭進口量是全球前五大，根據國際能源署西元 2020 年統計資料顯示，臺灣碳排量在全球排名第 21 位，人均碳排量則是全球第 20 名。「2021 年氣候變遷績效指標」（Climate Change Performance Index，CCPI 2021），臺灣因溫室氣體排放和再生能源發展表現不佳，被評為倒數第 5 名，國內減碳政策，更被評為「差」。目前臺灣政府僅計劃

在西元 2030 年減少 20% 碳排放，再生能源更只佔電力結構的 5.6%，若要實現西元 2050 淨零碳排的願景，必須加緊腳步急起直追。請舉例說明淨零碳排的重要性，從個人、家庭、企業或政府可以有何促進淨零碳排的實現。

肆 SDG 7 教學實踐點子

SDGs 目標：可負擔的潔淨能源

透過遊戲認識不同的發電方式，面對未來，我可以做出何種選擇。

讓同學學習表達國家未來發電結構的想像。

學習目標

1. 認識不同的能源產生方式及其效率與汙染的優缺點。

2. 對於能源發展之於環境保護的和諧關係，並思考國家能源政策走向的原因。

核心素養

引自 Education for Sustainable Development Goals：Learning Objectives

☐ 系統思維　☐ 預期未來　■ 價值反思　☐ 創新規劃

■ 溝通協作　☐ 批判思考　☐ 自我意識　☐ 解決問題

核心素養呼應說明

1. 價值反思：引導學生思考能源問題對於人類環境產生的影響，未來要採取何種能源政策。在環境、經濟、社會三者發展之中，如何取得和諧關係。

2. 溝通協作：透過小組互動與討論分享個人觀點，增進學生之間的互動與溝通。

實施方式	內容說明
引起動機	本活動著重於將遊戲中的機制元素拆解為漸進式課程，並聚焦知識內容。 1. 點亮城市：認識自然資源與能源，跟生活之間的密切關係。 2. 認識各種不同發電能源之優缺點。
發展活動	**活動一：點亮城市** 引起動機資源與生活密切相關，透過生活經驗提問勾起學生對各種資源的認識與動機。 1. 地球上的自然資源供應了人們日常生活所需。想想看，生活中的 食、衣、 住、 行、 育、 樂，需要哪些資源？ 2. 日常生活中仰賴各種自然資源，哪些自然資源是可以永續利 用？哪些會逐 漸耗竭？ 3. 用哪些方式發電(以臺灣各式發電廠及其所在地舉例)？
綜整活動	**活動二：城市發電** **步驟1：** 每組發下兩張核能電廠卡、兩張燃氣電廠卡、兩張燃煤電廠卡、兩張「？」發電量的綠能發電卡。教師將城市需求卡的「12」與「10」數值挑出，兩種數值牌洗勻後每組隨機發兩張，並示範如何於「城市需求卡」下排列發電廠卡至少達成最低需求後才算發電成功，接著請各組排列發電數值以完成卡片需求(此時綠能發電卡無作用)。 排列完之後詢問各組有無「溢電」(超出需求電量的數值)，並詢問超出多少(例：需求為12，發電總量為14，此時溢電量為2)。

步驟 2：

接著再向每組發放數值為「7」的城市需求卡，發放同時為每個組別擲一顆六面骰（骰數為 1、2、3 則綠能發電卡的發電力為 1；骰數為 4、5 則發電力為 2；骰數為 6 則發電力為 3），並請各組在不調動剛剛的電廠卡情況下，用剩餘的電廠卡看能不能完成所有的需求卡。

步驟 3：

向各組提起「溢電」，並向有溢電的組別發問能源相關問題，如果正解即可得到「溢電幣」（教師自備替代物）。

並可將溢電幣用於城市需求的發電量中，如果還是有組別電力短缺，此時教師在講台上放置一張燃煤電廠卡，並疊上四個碳塊，接著教師告知有四個電幣可供發放並繼續詢問能源相關問題（如不足繼續蓋下燃煤電廠卡並再疊上四個碳塊）。

步驟 4：

請各組別將剛剛的城市需求卡中需要最多碳塊總和的總數量疊在自己組別的桌上，看哪組能完整疊完沒有掉落，再比較各組哪組疊的最高，並邀請疊最高的組別於講台上疊放所有組別目前沒有掉落的碳塊總量。

活動一：結語引導

什麼樣的組合可以用最少張的電廠卡就可發電？引導至發電效率的差異。

（引導擬答例：除了原料不同，效率也不同）

為什麼綠能卡需要骰骰子？引導非穩定的發電，並舉例現今有哪些綠能發電方式。

1. 為什麼會有溢電？引導至浪費與能源節約。 為什麼電廠卡片左上角黑色方塊數量不同（如果講師有於活動一的步驟三放置碳塊也可提出引導）？

2. 為什麼最後要集中疊碳塊？碳塊代表什麼意義？如果碳塊倒了覺得可能會有怎麼樣的影響？

3. 如果碳排放是對環境不好的，那為什麼不用碳排較少的燃氣電廠或核能廠呢？

4. 各電廠的原料是哪些？發電過程或發電後的廢棄物對環境的影響（引導擬答例：廢氣、核廢料、熱汙染）？

5. 綠能電廠是萬靈丹嗎？

綜整活動

活動二：電力啟動 POWER ON!

1. 遊戲規則說明 4 人 1 組

(1) 目標：發電量足夠滿足場上城市卡的需求即可得分 (星星數)，最後計算星星數最多的玩家獲勝！→ 連結電力供需概念。

(2) 發電：複習電廠卡。

(3) 動作：每一回合，玩家任選 (可重複) 執行三次行動
(選牌、蓋電廠、發電、使用功能牌)。

(4) 疊碳塔：可移除棕色事件卡，以降低遊戲難度並縮短遊戲時間。

(5) 補充資料：

 電力啟動
規則影片

綜整 活動	2. 遊戲時間 (1) 4 人 1 組開始遊戲,過程中遇有問題可舉手發問。 (2) 教師可輪流至各組做規則輔助,同時觀察各組同學玩法策略。 3. 遊戲回顧 (1) 遊戲過程中的電廠組合是如何?為何如此安排? (2) 有遭遇到發電困難嗎(燃料、核廢料、碳排放)? (3) 各位同學有發現城市卡的需電量有不同嗎?為什麼? 　※ 每個城市需電量不同,可帶到節約能源所以需電量少。 (4) 各位同學,剛剛遊戲中事件卡裡頭有哪些與節約能源有關 　的事件呢?說說看這些事件卡在遊戲中有甚麼幫助?
教學 提醒	活動 1 與 2 各使用一堂上課時間,如果是連續課程必須考慮問題太多學生會 覺得枯燥乏味。
參考 資料	懂能源 BLOG　 電力粉絲團　 再生能源 資訊網 說說能源 Talk That Energy　 能源教育 資訊網　 電力啟動 規則影片

線上教學

壹 國際與臺灣細項目標

針對目標 8 以下點列國際細項目標與臺灣的細項目標，
以利於全面瞭解此目標關鍵細項內容。

一、國際細項目標

（一）細項目標

8.1 依據國情維持經濟成長，尤其是開發度最低的國家，每年的國內生產毛額（以下簡稱 GDP）成長率至少 7%。

8.2 透過多元化、技術升級與創新，焦點集中在高附加價值與勞動力密集的產業，提高經濟體的產能。

8.3 促進以開發為導向的政策，支援生產活動、就業創造、企業管理、創意與創新，包括取得財務服務的管道，並鼓勵微型與中小企業的正式化與成長。

8.4 在西元 2030 年，逐步改善全球的能源使用與生產效率，在已開發國家的帶領下，按照十年永續消費和生產模式方案框架，努力減少經濟成長與環境惡化之間的關聯。

8.5 在西元 2030 年，讓所有的男女都有一份好工作，包括年輕人與身心障礙者，達到全面有生產力的就業，並實現同工同酬的待遇。

8.6 在西元 2020 年，大幅減少失業、失學或未接受訓練的年輕人。

8.7 採取立即且有效的措施，禁止與消除最惡劣使用童工的形式，消除受壓迫的勞工；在西元 2025 年以前，終結各種形式的童工，包括童兵的招募使用。

- 促進包容且永續的經濟成長，達到全面且生產力的就業，讓每一個人都有一份好工作。

關鍵字：充分就業、公平就業機會、薪資公平、生涯發展、公平貿易

8.8 保護勞工的權益，促進工作環境的安全，包括遷徙性勞工，尤其是婦女以及實行危險工作的勞工。

8.9 在西元 2030 年，制定及推廣促進永續發展的觀光業，創造就業，促進地方文化與產品。

8.10 強化本國金融機構的能力，為全民獲得銀行、保險與金融服務的機會。

（二）實踐策略

8.a 提高給開發中國家的貿易協助資源，尤其是低開發國家 (LDCs)，包括為 LDCs 提供更好的整合架構。

8.b 在西元 2020 年以前，制定及實施青年就業全球策略，並落實全球勞工組織的《全球就業契約》。

二、臺灣細項目標

（一）細項目標

具體目標 8.1：以創新、就業、分配為核心價值，維持經濟適度成長。

具體目標 8.2：提高產業附加價值，推動物聯網、數位經濟等產業高值化發展。

具體目標 8.3：提供信用保證或融資協助，鼓勵中小企業與微型企業投入綠色經濟與創新發展。

具體目標 8.4：掌握關鍵物料使用情形，納入物質生命週期的永續管理，促進原物料永續使用（同具體目標 12.2）。

具體目標 8.5：提升勞動生產力。

具體目標 8.6：落實學用合一、培訓措施，強化青年就業能力。

具體目標 8.7：促進工作環境安全，及保障女性勞工參與工會權益。

具體目標 8.8：推動永續觀光發展，引導觀光產業提供綠色、在地等旅遊模式，打造臺灣永續觀光環境與提升產業價值（同具體目標 12.b）。

具體目標 8.9：鼓勵金融科技創新，提供便捷多元的金融服務。

具體目標 8.10：藉由節水循環、回收科技等措施，提升工業、農業用水效率。

具體目標 8.11：推動水、電價格合理化，反映資源使用的外部成本。

具體目標 8.12：建置具備智慧化、整合性的電力網路，提升供電品質及電力運轉效率。

具體目標 8.13：發展綠能科技，提升能源自主與能源多元性，鼓勵再生能源發展。

貳　針對 SDG 8：尊嚴就業與經濟發展觀點與看法以及案例

按 20 世紀初於美國興起的高等教育典範，大學是連結學習者與社會需求的重要場所，以致於自此「就業」便成為受人矚目的高等教育議題。但聯合國對永續未來的思考在關注到「就業」時，卻是從更恢宏的人權理念切入：它既掛心透過促進就業以消除迄今仍遍佈世界各地的貧窮，也希望能在就業問題的解決上，反映對實現社會正義與追求人類福祉的重視。

其中對「社會正義」的關懷，是指期望在促進就業的過程中也能實現不分性別、身體健全或有殘疾、本國籍或外國籍的工作機會平等、收入公平，並確保工作場所的安全，以及令所有人都能享受到進步的果實。至於對「追求人類福祉」的關懷，是指期

望人們能透過就業而獲得更好的個人發展，同時藉此促進社會不同族群的融合。因此，聯合國將它對就業與經濟發展的思考冠以「尊嚴」之名，其精神實可與《世界人權宣言》的第二十三、二十四與二十九條條文相對應。

在聯合國教科文組織於西元 2017 年出版的永續發展目標之教育指南（Education for Sustainable Development Goals - Learning Objectives）裡，即包含著數個可供大學課堂討論的議題，例如：發掘社會中容易面臨失業危機的弱勢族群（如以 Covid-19 疫情對需兼顧工作與家庭之婦女的衝擊為例）；思考人工智慧等新科技發展對勞動力需求的衝擊；討論企業管理階級與勞工之薪資存在巨大差異的爭議；認識低薪現象可能造成的社會對立與動盪（如以工會罷工癱瘓民眾日常生活為例）；認識經濟成長可能造成的環境品質退化與災害（如以科學園區用地清除農地或森林之爭議為例）；發掘個人消費行為如何間接影響他人工作條件（如以公平貿易為例）；討論同工不同酬的爭議；思考對環境負責任的消費模式等（如以 3C 產品頻繁淘汰後垃圾處理問題為例）。

但誠如美國政治學學者 Kent Portney 所言，人們在社會正義的理念上迄今還未能建立起一套令眾人信服的共識——這對人類福祉的內涵亦然——以至於高等教育面對上述議題的合適焦點，應落在不同思考立場的認識與選擇，即課程應善用日常生活中的真實議題，帶領學習者認識議題中的不同角色、立場，掌握其中的多樣處境、利益與對未來的想像，而事實上，此種多樣性很就可能存在不同學習者身上。以致於課程可以運用師生與學生間的辯論，使這樣的探究更加真實生動，同時體現聯合國永續發展目標之關懷的真實感與迫切感，卻非僅僅作為時代的口號與標語。

SDG 8 延伸問題

1. 高科技產業影響臺灣經濟甚鉅，但其高耗能、高耗水的本質卻屢屢引起空氣污染（因臺灣能源供應以火力發電為主）與排擠農業用水（如西元 2021 年春季臺灣缺水，政府選擇強制農民休耕卻不停止供應工業用水）的爭議，請試著統整不同利益關係人（如產業經營者、產業員工、農民、一般消費者等）的想法，並針對此產業的未來發展提出自己的觀點。

2. 現代人汰換消費性電子產品（如智慧型手機）除出於實際需求，還有迎合流行的傾向，但因此製造的大量電子產品廢棄物裡，有許多卻由經濟弱勢地區民眾、以最原始方式（如以焚燒融化塑膠，取得其中金屬）處理，從而損害民眾身體健康、污染土地與河流。從某個角度看，這垃圾處理並非出於強迫卻是自願交易，而且要消費者為所購買產品付出垃圾處理費用也將墊高售價。但請試著從臺灣也曾是世界垃圾處理大國、並因此付出慘痛健康與環境代價（中南部因處理廢五金導致的重金屬與戴奧辛污染）的歷史角度思考，提出自己的觀點。

3. 西元 2020 年席捲全球的肺炎疫情重創經濟，但媒體上也出現不少讚賞空氣變得清新、溫室氣體排放降低、野生動物數量增加的聲音。對此，雖然經濟發展不總是與環境保護衝突，但百年來確實存在一種尊崇生態而敵視各種開發建設以及耗用自然資源行為的思想，並甚至將思想付諸基列行動，媒體稱之為「生態恐怖主義」。對此，請試想廣受肯定的「尊敬自然」思維，與主要重視人類福祉的永續「發展」理念之間，你認為兩者該如何並存？或該如何選擇？

肆 SDG 8 教學實踐點子

SDGs 目標：尊嚴就業與經濟發展

本目標主張確保全民享有優質就業機會，同時促進環境品質永續之經濟成長。

學習目標

藉由討論臺灣實際經濟與環境議題，帶領學生認識其中有關：

1. 促進整體經濟與產業發展。

2. 重視環境品質與個人生命健康。

3. 如何兼顧前述兩者等不同思考立場，過程中學習如何進行換位思考以及實現立場一致。學生在釐清個人傾向之餘也可能察覺自身不足，繼而鼓勵其思考調整之道，建立合乎永續理念之經濟發展與職業選擇價值觀。

核心素養

引自 Education for Sustainable Development Goals：Learning Objectives

☐ 系統思維　☐ 預期未來　■ 價值反思　☐ 創新規劃

■ 溝通協作　■ 批判思考　☐ 自我意識　☐ 解決問題

核心素養呼應說明

1. 價值反思：透過師生間、學生間辯論，認識不同思考角度的合理性以及可能缺失。

2. 溝通協作：鼓勵學生表達自身想法，說服不同意見之學生也學習傾聽他人意見。

3. 批判思考：以換位思考方式與立場一致之要求，促進學生釐清自身立場也理解他人意見優缺點。

實施方式	內容說明
引起動機	1. 播放剪輯影片，說明高科技產業在臺灣經濟發展過程扮演舉足輕重角色，然而此產業高耗能之特質以及臺灣目前電力來源係以火力發電為主（佔七成以上），因而常與臺灣空氣污染問題彼此關連並引起討論。學者研究發現，臺灣中南部空氣品質不佳與境外污染相關性較低，與境內污染相關性較高，政府雖著手鼓勵工廠鍋爐由燃煤改為污染較低的燃氣，但作為火力電廠主力的燃煤發電機組卻無法頃刻改變。然而，燃煤發電（以臺中火力發電廠為例）所產生之空污，近年來卻嚴重影響南投、彰化、雲林、嘉義等地，引起當地居民對空污威脅生命健康之擔憂，屢屢進行抗議。為此，經濟部雖請臺中火力發電廠儘量於空污季節降載，但面對高科技產業用電需求不斷增加，終究不是長久之計。 2. 學生前來臺中求學，未來亦可能有在臺中就業的打算，而根據調查，臺中高科技產業一個就業人口能帶動其他產業三個就業人口（如零售、餐飲、房仲等），學生因而置身此議題可能造成之正面與負面影響中，議題討論之臨場感乃隨之加增。

 隱形殺 PM2.5 南投調查

 紫爆的天空

 空汙好髒

 窒息的台灣！火力發電與總量管制！

 空污是境外污染！

 空汙紫爆致癌 40 年癌症地圖中部重症

 忍無可忍！彰化和美鎮民 包圍中火抗議！

 世界最大火力發電廠 中部空污重要污染源

 經濟部應對空污記者會

<table>
<tr>
<td rowspan="4">發展
活動</td>
<td>

1. 教師播放剪輯影片後，再次綜整議題內容，並提出在此議題中較為常見的兩種立場：「關心整體社會經濟發展、大多數人福祉，因而可能要求少數人犧牲的功利主義立場」與「關心受害居民個人權益，除非居民願意犧牲否則不應以任何理由加害的人權理論立場」，接著發下思辨記錄表與立場色牌（紅藍黃三色），請學生寫下此刻較傾向之立場（有常見立場外的其他立場亦可），並以色牌呈現（藍色代表功利主義、紅色代表人權理論、黃色代表其他立場）。

2. 教師就學生立場請學生發言，若學生較傾向功利主義立場，則教師以人權理論角度挑戰之，反之亦然。過程中因學生立場已透過色牌呈現，教師在選擇學生發言時可交錯立場，令學生們對不同立場間的歧異點有更深的認識。

3. 初期先點名選擇議題較常見立場之同學發言，之後再挑選選擇其他立場之學生發言（此類同學通常較少），此類學生發言通常 (1) 可用以釐清功利主義或人權理論（即學生認為的其他立場，其實可能屬於兩者之一），或 (2) 作為其他可能解決問題立場之補充，藉以鼓勵學生勇於發揮創意思考。

4. 辯論過程中，教師本身並無固定立場，卻是扮演不同立場之對立面，旨在刺激學生思考並鼓勵其勇於提出想法捍衛自身立場。

</td>
</tr>
</table>

 台中科學園區商圈崛起店租金 3 年漲 3 成

 台灣半導體領先全球

 有得賺住得起！中科創就業潮 造第二大城

 廠商加碼投資台灣，電力需求增加，公投之下，台灣能渡過電力危機

 總統參訪台積電 張忠謀憂 2017 缺電

 護國神山太狂了！去年平均每天賺逾 14 億

綜整活動

1. 辯論結束，教師請學生寫下自身最終採取的立場，並要說明理由，同時寫下辯論過程中令自己印象深刻的事情。

2. 教師帶領學生回顧常見不同立場可能各自擁有的合理性與說服力，引導學生反思過去是否太快全盤否定與自己意見不同者，太快加諸負面標籤，也太習慣生活在人際關係的「同溫層」中。

3. 後續，教師再播放幾則議題影片（例如：臺南鐵路東移必需強制拆除民宅、臺北犧牲社子島居民使該地成為洪泛區是否應給予完全補償等），請學生思考自己最終堅持的立場，是否能夠一致地應用在這些議題裡。此時，向學生介紹倫理學中的「平等原則」，即在無道德相關差異的情況下，AB 兩議題所得判斷評價應當相同，即自身若支持功利主義，就應當在其他嚴重性相當（如同樣關係人們基本權益）的議題中同樣採取功利主義，特別是不可因為如今可能犧牲自己而轉向人權理論，因個人利益不屬於道德相關差異，若如此改變立場，便犯了立場不一致的錯誤。

4. 因引入「平等原則」的思考，教師再次邀請學生檢視自己立場是否合適，藉此過程，無論學生至終選擇什麼立場都逐漸具備明智自主的內涵。

5. 在認識不同利害衝突後，請學生思考自身認同又合乎永續理念之經濟發展與職業選擇究竟該包含哪些要件，這些要件未來可能反應在學生的政治參與中，也可能反應在學生的職業選擇中。

 臺北犧牲社子島居民使該地成為洪泛區是否應給予完全補償

 臺南鐵路東移必需強制拆除民宅

教學 提醒	1. 此課程主要是以學生為主體、按批判思考精神進行，教師自身固然對議題會有既定立場，但教學上需以引導學生自主明智發展屬於其個人之立場為原則。 2. 教師應先熟悉常見不同立場的精神、內容與話術，始能在與學生辯論時產生最佳刺激思考效果。
參考 資料	1. Wenz, P. S.（2007）。環境正義論（朱丹琼譯）。上海：上海人民。 2. Wenz, P. S.（2007）。現代環境倫理（朱丹琼譯）。上海：上海人民。

09 產業創新與基礎建設

設計者： 游曉薇

 線上教學

 ## 壹 國際與臺灣細項目標

針對目標 9 以下點列國際細項目標與臺灣的細項目標，以利於全面瞭解此目標關鍵細項內容。

一、國際細項目標

（一）細項目標

9.1 發展高品質的、可靠的、永續的，以及具有災後復原能力的基礎設施，包括區域以及跨界基礎設施，以支援經濟發展和人類福祉，並將焦點放在為所有的人提供負擔的起又公平的管道。

9.2 促進包容以及永續的工業化，在西元 2030 年以前，依照各國的情況大幅提高工業的就業率與國內生產毛額 (GDP)，尤其是低度開發國家 (LDCs) 應增加一倍。

9.3 提高小規模工商業取得金融服務的管道，尤其是開發中國家，包括負擔的起的貸款，並將他們併入價值鏈與市場之中。

9.4 在西元 2030 年以前，升級基礎設施，改造工商業，使他們可永續發展，提高能源使用效率，大幅採用乾淨又環保的科技與工業製程，所有的國家都應依據他們各自的能力行動。

9.5 改善科學研究，提高所有國家的工商業科技能力，尤其是開發中國家，包括在西元 2030 年以前，鼓勵創新，大幅增加每 100 萬人口中的研發人員數量，並提高公民營的研發支出。

- **產業創新與基礎設施：建立具有韌性的基礎建設，促進包容且永續的工業，並加速創新。**

關鍵字：工業化、基礎設施、交通、能源、通訊技術

（二）實踐策略

9.a. 透過改善給非洲國家、LDCs、內陸開發中國家（LLDCs）與小島嶼發展中國家 (SIDS) 的財務、科技與技術支援，加速開發中國家發展具有災後復原能力且永續的基礎設施。

9.b. 支援開發中國家的本國科技研發與創新，包括打造有助工商多元發展以及商品附加價值提升的政策環境。

9.c. 大幅提高資訊與通訊技術 (ICT) 的管道，在西元 2020 年以前，在開發度最低的發展中國家致力提供人人都可取得且負擔的起的網際網路管道。

二、臺灣細項目標

（一）細項目標

具體目標 9.1：提高公路公共運輸、臺鐵與高鐵運量。

具體目標 9.2：提高偏鄉地區住戶可於步行 500 公尺範圍內使用公路公共運輸的比例。

具體目標 9.3：提高無障礙的公共交通工具、設備與設施設置比例。

具體目標 9.4：降低道路交通事故死亡人數。

具體目標 9.5：降低騎乘機車年輕族群（18~24 歲）死亡人數。

貳 針對 SDG 9：產業創新與基礎建設觀點與看法以及案例

18 世紀開始的第一次工業革命，蒸汽動力、棉紡織和鐵路問世，使人類從手工業進入機械時代；歷經 19 世紀第二次工業革命，組裝生產線和電力普及，開始大量生產；到了 20 世紀第三次工業革命，讓電腦、網路發展普及；而第四次工業革命，則可見施瓦布（Klaus Schwab）西元 2016 年所著之《第四次工業革命》（The Fourth Industrial Revolution），書中難以具體描繪這波的革命內容為何，然而各式各樣的新科技突破接踵而來，未來新技術融合所帶動的技術與數位化轉型將會改變一切。

上述工業革命從發軔距今不過兩百餘年，但這期間人類社會發生了巨大的變革，過程中我們可以看見各個國家的工業發展，幾乎與國力強盛、社會進步與文明成為等同指標，高質量的基礎設施與社會經濟政治目標的實現呈正相關，而且狀況落差越來越懸殊。

在西元 2015 年聯合國提出 SDGs 永續發展目標時，「SDGs 9：產業創新與基礎建設」這個項目，內涵為「建立靈活的基礎設施，促進包容性和永續的工業化與創新」，所包含的基礎設施如：交通、灌溉、儲存設備、能源、電氣化和通信技術等。當時開發中國家仍約有 26 億人面臨無法全天候取得電力供應的困難；有 25 億人無法有基本的衛生設備；道路、資訊和通訊技術、衛生、電力和水等基本基礎設施，在許多開發中國家仍然相當稀少。也就是說這些未開發國家人口，甚至連第二次工業革命的程度都未曾達到。

以臺灣的發展歷程來說，西元 1960 年以前，主要是以農、林產品初級加工為主，工業發展較緩慢，西元 1970 年代臺灣退出聯合國，經歷了外交上的重大挫敗，透過國內展開「十大建設」：包括建立鋼鐵、石化、造船等重工業，並推動興建核能電廠、高速公路、國際機場、國際港口以及鐵路電氣化等基本公共設施，帶動臺灣經濟起飛，而後高科技產業、電子資訊業、半導體的蓬勃發展，科學工業園區紛紛設立，臺灣成為國際稱揚的經濟奇蹟、智慧科技島。

然而工業化帶動經濟與產業快速發展，帶來的將是環境生態永續上的難兩全，如：西元 1980 年代開始有後勁反五輕運動、以及到雲林六輕、七輕、八輕的（國光石化）；核能發電廠的興建與存廢、交通運輸上對於東部蘇花改、南迴公路、各地方的交通運輸捷運、輕軌、公路的興建，每個都興起一場場的論戰不斷。

西元 2017 年，政府提出期程 8 年，經費總額達 8 千多億元的「前瞻基礎建設計劃」，整體計畫內容涵括八大建設主軸：建構安全便捷之軌道建設、因應氣候變遷之水環境建設、促進環境永續之綠能建設、營造智慧國土之數位建設、加強區域均衡之城鄉建設、因應少子化友善育兒空間建設、食品安全建設，以及人才培育促進就業建設。希望為臺灣未來 30 年發展奠定根基。

「前瞻基礎建設計劃」因茲事體大，在提案與審議之初就頗引爭議，在政府快速審議通過後就此執行，現已執行至第二期程 (2021 年)。然期間臺灣天災與意外頻傳，如：西元 2018 年 10 月普悠瑪號翻覆意外、西元 2021 年 4 月太魯閣號在花蓮清水隧道出軌事故（交通設施）、西元 2018 年 8 月下旬臺灣暴雨導致大規模淹水（下水道系統、滯洪設施）、西元 2021 年 5 月興達電廠跳機全臺停電（電力設施）等，都讓大眾更加關注臺灣的基礎建設究竟是否為具有韌性及永續思考？是否能透過科技提高資源與能源的使用效率，科技創新是否可以帶動產業創新，並且發展的同時也考量環境、社會的平衡。

人稱社會學之父的孔德 (Auguste Comte，1798-1857) 身處法國工業化開端的時期，便重視工業化現象以及工業化社會所將帶來的社會影響，這部分可涉及新出現的社會形態（工業社會）討論，以及社會到每個人的生活。因為「工業化、創新及基礎建設」影響的不只是產業與經濟的發展，更與民生息息相關，將型塑人民整體生活的樣態，甚至是文化、文明的發展。

SDG 9 延伸問題

1. 請仔細體會您所在的城市及常運用的交通運輸建設，觀察其是否讓使用者可負擔、安全、對環境友善且具韌性及可永續發展呢？

2. 西元 2017 年臺灣開始為期 8 年、經費總額達 8 千多億元的「前瞻基礎建設計劃」，請選擇其中的一個項目，從了解其背景、實施情況與欲解決的問題，談談在此之中您所看到的臺灣未來 30 年將會是怎樣的發展？

3. 被稱為「窮人的銀行家」的穆罕默德•尤努斯教授是一位經濟學博士，西元 1976 年從 27 元美金開始微型信貸協助窮人脫貧（負擔的起的貸款），創辦孟加拉鄉村銀行與相關事業群，以解決社會問題為首要目標，獲得西元 2006 年諾貝爾和平獎。請閱讀與了解尤努斯的故事及其產生的影響，思考金融服務管道價值鏈與市場運作的合理性與永續問題。

肆 SDG 9 教學實踐點子

SDGs 目標： 產業創新與基礎設施

從產業創新與基礎建設，討論「建構民眾可負擔、安全、對環境友善，且具韌性及可永續發展的運輸」，希望學生在生活週遭透過對城市的觀察，學習走出教室，促進學生在真實情境中學習。

學習目標

1. 認知：讓同學了解 SDGs 的指標意涵，另外認識國家與城市的工業化、創新及基礎建設通常如何思考規劃，了解到目前台灣、台中的發展現狀與未來政策。
2. 情意：大眾交通運輸是大多數學生會使用的工具，應該要增進對其理解，希望能夠透過此次教學活動，引導學生能夠理解城市的交通規劃設計，討論符合友善與永續。
3. 技能：使學生在活動討論中學習對生活中所知、所見事物的觀察能力、採訪能力，進而達到有思考及批判的能力。

核心素養

引自 Education for Sustainable Development Goals：Learning Objectives

☐ 系統思維　■ 預期未來　■ 價值反思　☐ 創新規劃
☐ 溝通協作　■ 批判思考　☐ 自我意識　☐ 解決問題

核心素養呼應說明

1. 價值反思：促發學生從使用者的層次，提升到城市整體規劃交通運輸工具建置策略與情況，增進城市在規劃產業創新與基礎建設時的視野與思考。

2. 預期未來：城市的交通運輸規劃與城市生活息息相關，目前台中市正在交通運輸變革與規劃中，請同學從未來思考現在，如何做才能夠有助於城市永續。

3. 批判思考：有時產業創新與基礎建設常會被政治、社會、經濟因素等影響決策，在活動中，希望同學能夠思考如何才是同時考量民眾需求、環境永續、城市發展的作法，並且有能力批判目前台中市所行的優與劣。

實施方式	內容說明
引起動機	大多數學生都是以大眾運輸為主要交通工具，本課程授課對象為大一新生，有半數以上來自於外縣市，對於台中的交通運輸正在探索、體驗階段，而台中的捷運正要開通，近年大眾交通上，從 BRT 設置、公車政策 (十公里免費)、U-Bike 倍增計畫等，都是大眾關注的焦點話題，學生也大多是使用者。 希望同學在課餘時間，和同學約定出訪、增加探索在地的機會，並且透過對此主題的引導，請其評估是否合乎「建構民眾可負擔、安全、對環境友善，且具韌性及可永續發展的運輸」。
發展活動	1. 教師在活動進行前，敘述活動設計原由，介紹此項目「SDGs9 產業創新與基礎設施」，使學生理解活動意義。 2. 城市觀察：分組為台中的大眾交通運輸體檢，教師提供觀察的架構並書寫觀察記錄表。(課後活動) 從以下八個主題中自行選擇一項進行觀察：公路客運、市區公車 (分為城區、山區、海區)、台鐵、捷運、高鐵、U-BIKE。

發展活動	再分別觀察以下項目：背景資料 (源起、現況、推動政策)、數據調查 (使用率...等)、實測情況、民眾可負擔 (收費等)、安全性、環境友善性 (無障礙設施等)、道路管理、具韌性及可永續發展、工作者感受 (請採訪工作人員)、使用者感受 (請採訪乘客)、其他。 3. 回到課堂分享自己的觀察與所見。
綜整活動	1. 個別完成觀察與記錄後，回到課堂教室後，每組上台報告觀察心得與評估報告 8-10 分鐘，並且請學生評估台中目前的大眾交通運輸是否呼應、合乎 SDGs 項目指標。 2. 報告後，由教師引導，進行經驗衝突與反思、思考解決方案、跨域思考等綜合討論。
教學提醒	1. 觀察時間：本課程包括課外活動，預留 1 個月的時間讓同學進行觀察。 2. 進行方式：提醒各小組必須合作，建議可趁此規劃旅遊行程，增進友誼，以及在地探索，並且提醒應注意自身安全。
參考資料	1. 張體偉、孫豫寧譯者 (2013)、Jeremy Rifkin 原著。第三次工業革命：世界經濟即將被顛覆，新能源與商務、政治、教育的全面革命。經濟新潮社。 2. 天下遠見 - 城市學 (例文：老是塞車的倫敦城，用哪三招推動「永續物流」？、恆春觀光鐵道變幻影 屏東鄉親爭屏南快速道路、輕軌 or 台鐵？「跨境通勤」的基隆人也許不在意這些) 2020 臺灣永續發展目標年度總檢討報告　　 台中市政府交通局　　 天下遠見 - 城市學

◀◘▶ 10 減少不平等

設計者：鄭岳和

 線上教學

壹 國際與臺灣細項目標

針對目標 10 以下點列國際細項目標與臺灣的細項目標，以利於全面瞭解此目標關鍵細項內容。

一、國際細項目標

（一）細項目標

10.1 在西元 2030 年以前，逐漸實現生活於底層 40% 的人口所得成長，確保其增長率高於國家平均值的水平。

10.2 在西元 2030 年以前，促進社經政治的融合，無論年齡、性別、身心障礙、種族、人種、祖國、宗教、經濟或其他身份地位。

10.3 確保機會平等，減少不平等，作法包括消除歧視的法律、政策及實務作法，並促進適當的立法、政策與行動。

10.4 採用適當的政策，尤其是財政、薪資與社會保護政策，並漸進實現進一步的平等。

10.5 改善全球金融市場與金融機構的法規與監管，並強化這類法規的實施。

10.6 提高發展中國家在全球經濟與金融機構中的決策發言權，以實現更有效、更可靠、更負責以及更正當的機構。

10.7 促進有秩序的、安全的、規律的，以及負責的移民，作法包括實施規劃及管理良好的移民政策。

關鍵字：貧富差距、人權、平等、弱勢、國家暴力

（二）實踐策略

10.a 依據世界貿易組織的協定，對開發中國家，尤其是最不發達的國家，落實執行國家間的特殊和差別待遇原則。

10.b 依據國家計畫與方案，鼓勵官方開發援助（以下簡稱 ODA）與資金流向最需要的國家，包括外資直接投資，尤其是低度開發國家 (LDCs)、非洲國家、小島嶼發展中國家 (SIDS)、以及內陸開發中國家 (LLDCs)。

10.c 在西元 2030 年以前，將移民的匯款手續費減少至 3% 以下，取消高於 5% 手續費的匯款渠道。

二、臺灣細項目標

（一）細項目標

具體目標 10.1：底層 40% 的家戶人均所得以高於全國平均值的速率漸進成長。

具體目標 10.2：持續推動原住民族就業方案，增加原住民就業機會，提升經濟收入；改善身心障礙者就業，提升其經濟地位。

具體目標 10.3：強化性別平等及消除就業歧視相關法令宣導教育；建構完善性別暴力防治及兒少保護體系，提升民眾對於遭受歧視或暴力的覺察。

具體目標 10.4：透過推動社會保障措施，照顧經濟弱勢、強化就業能力、促進薪資成長及提升租稅公平，持續改善所得分配。

具體目標 10.5：促進有序、安全、正常和負責的移民和人口流動，包括執行合

理規劃和管理完善的移民政策。

具體目標 10.6：優化社會創新經營能量，發掘多元社會創新模式，建構社會企業友善生態圈，協助解決社會問題。

具體目標 10.7：對開發中國家，持續以我國優勢協助其發展。並依據世界貿易組織 (WTO) 相關協定，給予該類國家特殊及差別待遇，另研議提高我國予低度開發國家 (LDCs) 之『免關稅、免配額』優惠待遇（同具體目標 17.10）。

（二）實踐策略

具體目標 10.a：對開發中國家，持續以我國優勢協助其發展。並依據世界貿易組織（WTO）相關協定，給予該類國家特殊及差別待遇，另研議提高我國予低度開發國家（LDCs）之「免關稅免配額」優惠待遇。

貳　針對 SDG 10：減少不平等觀點與看法以及案例

　　當巨大財富與極度貧窮的現象並列，必引發人們的強烈反思。社會差距無可避免，但若不合理的現象持續存在，又無益於共同的福祉，則往往帶來社會動盪引發革命。而當永續發展成為全世界國家的共同目標，改善這存在已久的不合理，如剝削、權力不平等與難言的系統性壓迫，就成為此結盟的首要任務。因過往對公平性的追求，總是將不義擠壓到邊緣或他處，致使現代社會的發展，往往以擴大不平等為代價。而若將人類對自然的過度開發、破壞，視為不平等現象的一環。則可以說聯合國永續發展的 17 個目標，都是面對不平等而力求變革，以建立真正永續、和平、公正和包容的社會。

　　減少不平等的實踐，著重在國家政府如何減少國家內部與國家之間的不平等。因政府是否採取行動，是減少不平等的關鍵所在。如面對收入不平等，個體或非政府組

織的關懷慈善行動，或可對部分個人有所助益，卻難以改變長久的不平等現象。西元 2018 年世界不平等報告指出，從世界各地收入差距演變趨勢的比較，可知經濟政策與社會制度是造就收入差距的重要因素。國家可透過衡量收入不平等的指標，如計算收入前 10% 成人的總收入佔國民收入的百分比，比較收入前 1% 與後 50% 占國民收入比例，以及吉尼係數（Gini Index）等衡量國內收入不平等的現況，調整經濟政策與社會制度，從而真正的改善收入不平等的結構。

又如為發展中國家和最不發達國家提供貿易優惠待遇、農產品零關稅，或進一步捐助最不發達國家等，則能幫助減少國家之間的不平等。故歐洲環境局 (EEB) 和其他 24 個歐盟非政府組織，於西元 2018 年 6 月發起「消除不平等」運動。呼籲制定政策和法律使可持續發展目標成為現實，強調若不就 SDG 10 採取行動，人類將無法於 2030 年達成永續發展目標。顯見減少不平等實有賴於政府的作為。

關於國內的不平等，SDG 10 亦關注基於年齡、性別、殘疾與否、種族、族裔、出身、宗教信仰、經濟地位或其他任何區別的不平等。使政府修改歧視性的法律與政策，提供平等的機會與保障。如臺灣以持續推動原住民就業方案；強化性別平等及消除就業歧視相關法令宣導教育；建構完善性別暴力防治及兒少保護體系等，回應此目標。

另一方面在真實世界中，此類不平等的形成，經常來自各國獨特而長遠的習俗與文化。以致遭受不平等待遇者，在發生的當下無法指認出壓迫、不平等的存在，而無意識的承受。國家作為此文化傳統的部分，或許亦未能察覺問題，甚至可能在體系性的壓迫中施展國家暴力。

《世界人權宣言》「人人生而自由，在尊嚴和權利上一律平等」，正是人類在二戰結束後，對普遍的不平等與壓迫現象的反思，並為永續發展議程強調的共同原則與承諾。而對於簽署永續發展議程的國家，不論其國家體制為民主或極權，其將如何理解不平等、人權、壓迫等現象，建立公平正義的治理模式，是值得人們關注的現象。

由於國家體制、政策，經常是造成不平等的來源，故獨立於政黨的跨國非政府組織的監督與調查，是減少不平等的重要環節。知名的跨國人權 NGO 如 Amnesty International「國際特赦組織」、Forum Asia (Asian Forum for Human Rights and Development)「亞洲人權與發展論壇」、FIDH (International Federation for Human Rights)「國際人權聯盟」、APRRN (Asia Pacific Refugee Rights Network)「亞太難民權利網絡」等。以西元 1961 年起始的「國際特赦組織」為例，其關注並採取行動的對象包含 COVID19、難民、酷刑與不人道待遇、良心犯、人權捍衛者、強迫失蹤、反恐、歧視、針對婦女的暴力、言論審查與表達自由、失蹤、居住權利、死刑、原住民權利、LGBTI 權利、人權教育、企業責任等；成立於西元 1984 年的「台灣人權促進會」，初期以落實基本人權保障，推動民主改革，確保各項政治與公民權利為要務。近期聲援的個案則有健保資料庫訴訟案、桃園航空城反迫遷、樂生院漢生病友、李明哲案等。僅由議題的羅列，可見不平等是如何隱身又廣泛的存在於社會中。

參 SDG 10 延伸問題

1. 不論是出於有意或無意，我們生活在不平等被隱身的社會裡。請以一個星期的時間觀察，是否有親眼可見的不平等？並請以影像、文字、言語展示您的發現。

2. 「不平等與我有何關係？不論現象發生在身邊、學校、社會、遙遠的他國或過往，只要與我的工作生活無關，有何必要關注不平等？」。請從自身的經驗出發，說明三個應該關心或不須關心「不平等」的理由。

3. 請依據您或他人享受特權或遭受歧視的經驗，說明身處其中的感受。並思考什麼樣的認知或行動，可消除不平等與伴隨而來的壓迫。最後請重新指認在前述經驗中，應有的公平正義為何。

肆 SDG 10 教學實踐點子

SDGs 目標：減少不平等

透過體驗式活動引導學生深入探討國際間不平等的現況。

學習目標

了解目標 10 之內容，依據聯合國教科文組織（United Nations Educational , Scientific and Cultural Organization, UNESCO）所提供之學習目標，讓學生首先了解到不平等的狀態。體驗資源分配不均時的感受，期望逐步引發學生對於世界上不平等狀況之了解程度。

核心素養

引自 Education for Sustainable Development Goals：Learning Objectives

☐ 系統思維　☐ 預期未來　■ 價值反思　☐ 創新規劃
☐ 溝通協作　☐ 批判思考　☐ 自我意識　☐ 解決問題

核心素養呼應說明

透過活動讓學生了解資源分配不均的狀況，對於基礎建設的影響，以及在全球架構下，資源充足的國家以及資源不充足國家的差異，以及大家對他們的社會地位之推崇及歧視。

實施方式	內容說明
引起動機	將學生分組（約當 4-6 人一組），並告知等一下會給他們一個材料袋，（其中有不一樣的材料，但不需與同學說），拿到材料袋後，使用裡面的材料來建構一個高塔。活動的最後由高塔蓋的最高的那一組獲勝。
發展活動	每組給予一個材料袋(吸管、紙片數張、雙面膠、竹筷子、積木、鐵絲、瓦愣紙...等)，學生的任務在於使用材料袋中所有的東西，建構出一個高且可以自己站立的一個「高塔」。有些同學可能會在活動中發現每組的資源不同，引導員可以選擇角色扮演，跟學生們說那個袋子是他們抽籤抽到的，沒有所謂好與壞，這就是你們有的。在過程中引導員也可以不時地誇獎資源充足的那一個小組他們蓋得很好，並貶低資源較少的那一組。
綜整活動	活動結束後，請學生將自己小組的高塔展現在全班前進行討論。一般來說，資源較充沛的小組通常會有較堅固以及較高的高塔。在這個活動當中，每個小組拿到的材料都不一樣（如同資源分配不均一般），若是指導員有角色扮演（誇獎以及貶抑），最後都需要再引導討論扮演之目的，並讓學生有機會反思以及回應被不平等對待的心情與感受。回過頭看那些落後區域的國家並了解他們的現況是否是因為資源分配、教育水準、文化習性等因素導致發展較慢。
教學提醒	老師若是有時間，也可以盤點一下給學生的材料，讓每個材料都有代替的資源，像是水、教育、電、土壤肥沃度等。讓大家在最後階段時把代表這些資源的材料拿掉。即可看出資源對一個國家發展的重要性，並意識到先天國家可能在資源上的不平均，亦可帶入每個國家內部貧富差距的問題。

11 永續城市與社區

設計者：周芳怡

 線上教學

壹　國際與臺灣細項目標

針對目標 11 以下點列國際細項目標與臺灣的細項目標，以利於全面瞭解此目標關鍵細項內容。

一、國際細項目標

（一）細項目標

11.1 在西元 2030 年前，確保所有的人都可取得適當的、安全的，以及負擔得起的住宅與基本服務，並改善貧民窟。

11.2 在西元 2030 年以前，為所有的人提供安全的、負擔得起、易於利用，及可持續的交通運輸系統，改善道路安全，尤其是擴大公共運輸，特別注意弱勢族群、婦女、兒童、身心障礙者以及老年人的需求。

11.3 在西元 2030 年以前，讓所有的國家增加包容和可永續發展的都市建設，以落實參與性、整體性及可永續發展的人類社區居住地規劃與管理。

11.4 進一步努力保護全球的文化與自然遺產。

11.5 在西元 2030 年以前，大幅減少水災及各種災害的死亡人數與受影響人數，大幅減少災害所造成的國內生產毛額 (GDP) 經濟損失，並將焦點放在保護處境脆弱的族群與貧窮者。

11.6 在西元 2030 年以前，減少都市對環境的有害影響，涵蓋特別關注空氣品質、都市廢棄物管理等。

11.7 在西元 2030 年以前，為所有的人提供安全的、包容的、便利的綠色公共空間，尤其是婦女、孩童、老年人以及身心障礙者。

- 促使城市與人類居住具包容、安全、韌性及永續性。

關鍵字：永續城市、永續社區、韌性城市、氣候變遷、極端氣候、全球暖化

（二）實踐策略

11.a 強化國家與區域的發展規劃，促進都市、郊區與城鄉之間的社經與環境的正面連結。

11.b 在西元 2020 年以前，大幅增加運用和落實綜合政策與都市計畫，建構具有包容、資源使用率高、減緩與調適氣候變遷、具有災後復原能力的城市與人類居住地，並依照《2015-2030 年仙台減少災害風險框架》管理所有階層的災害風險。

11.c 透過財務雨季樹上的協助，支援開發度最低的國家，以妥善使用當地的建材，營建具有災後復原能力且可永續的建築。

二、臺灣細項目標

（一）細項目標

具體目標 11.1：確保所有的人都可享有適當、安全及可負擔的住宅及基本生活所需的服務，並改善弱勢棲所。

具體目標 11.2：為所有的人提供安全、可負擔、可及性高，且符合永續發展的交通運輸系統。包含改善道路安全、擴大公共運輸 及滿足身障及老弱婦孺的運輸需求。

具體目標 11.3：建構落實民眾參與、具社會包容與永續發展的城市與鄉村的規劃與管理。

具體目標 11.4：積極保護我國文化與自然遺產以及在這塊土地上具有人民共同回憶與歷史軌跡的人文景觀。

具體目標 11.5：降低各種災害造成的損失，特別需保護弱勢與低所得族群。

具體目標 11.6：減少都市環境所造成的有害影響。包含空氣品質、水、其他都市廢棄物的管理。

具體目標 11.7：提供滿足通用設計、安全、融和、可及性高的綠色公共設施與空間。特別重視滿足老弱婦孺及身障者的需求。

具體目標 11.8：研訂全國國土計畫，提升農地、工業區等土地使用效率。

具體目標 11.9：強化社會安全網，確保社會安定，加強治安維護工作，遏止暴力犯罪（同具體目標 16.1）。

具體目標 11.10：完善兒少保護體系，建構對暴力零容忍及支持兒少在家庭環境中穩定成長的社會安全網，維護兒少安全及加強人口販運防制（同具體目標 16.2）。

具體目標 11.11：普及兆位元 (Gbps) 級寬頻聯網佈建。

具體目標 11.12：提高建築物節約能源減碳效益。

貳 針對 SDG 11：永續城市與社區觀點、看法及案例

近年來，全球暖化與地球環境改變所致的極端氣候（climate extreme）對地球民眾造成的影響日益顯見，一個區域的住民可能在數月內經歷水災與旱災、颶風與乾熱、森林大火與狂風暴雪。這些劇烈的氣候變化隨時考驗著城市與社區的承載力，從最近（西元 2021 年）臺灣在半年內經歷旱災與水災的情況，便可以發現臺灣的都市與鄉村設計，乃至於整體國土規劃與公共建設皆應強化對氣候變遷的因應；這也是為何永續發展目標的第 11 項為「永續城市與社區：促使城市與人類居住具包容、安全、韌性

及永續性」。這邊所提到的韌性（resilience）可以理解為在面對自然、非自然的衝擊下，都市與社區相關系統與其中的住民能夠在短時間內回歸正常運作的狀況。這邊需要特別說明的是，所謂的韌性城市並非一個不會有災害的城市，而是一個「不怕災害」的城市，換句話說，韌性城市面對自然的挑戰（例如：火山地形、地震帶、極端氣候等）與非自然的壓力（例如：氣爆、治安、恐怖攻擊等）都能夠有所準備並積極應對。

此項永續發展目標涉及的層面又深又廣，並非一蹴可幾，需要許多人力、物力、時間、資源的投入才能達成，接下來舉幾個較生活化的案例跟大家說明，讓大家可以更瞭解此目標與自己的關連性。從前言中可以發現，各級政府在達成此目標的過程中，扮演相當重要的角色，因為永續城市與社區的系統需要線的全面貫通，面的整體呈現，然而，民眾在之中扮演「點」的力量，也不能被忽略，這才能因地制宜地處理公共問題。此項目標要面對的狀況常是突發的，所謂遠水救不了近火，遠親不如近鄰，此時，民眾與民間即時力量與資源的串連，正能解此燃眉之急。

在臺灣，經濟部水利署推動「水患自主防災社區」、行政院農業委員會水土保持局推動「土石流自主防災社區」、內政部警政署推動「治安社區」、內政部消防署推動「防災社區」，便是要促進社區發展由下而上的力量，以即刻處理社區正面臨的災害，將損失與影響降低。社區民眾結合在地人力與專業團隊，從社區環境總體檢開始，找出社區的治安死角、潛藏災害點，讓細部的問題得以浮現，再透過模擬與演練，以做好防災的準備。

除強調不分年齡、族群皆可能面臨的自然、非自然災害需著重因應外，此目標特別重視身心障礙者、孩童、婦女、高齡者、弱勢群體在生活及交通上的便捷與居住及參與的平等。臺灣的永續發展目標便把「社會住宅戶數及租金補貼戶數占弱勢家庭潛在需求戶數的比例」、「高鐵增設列車無障礙座位電動輪椅充電插座的列車數」、「公共場所受到身體傷害或性騷擾申訴案件比率」、「兒少保護案件結案後再通報率」、「每人平均享有公園綠地面積」、「空氣品質」、「推動參與式規劃，具民間參與規

劃及管理機制且能經常性民主地執行的都市及鄉村比例」列為達成此項永續發展目標的具體指標。另外，為避免在都市更新與國土規劃過程中破壞社區文化與自然遺產，積極保護在地文化與自然資產，以及在臺灣這塊土地上具有人民共同回憶與歷史軌跡的人文景觀，也被視為是臺灣回應此項永續發展的重要工作。

總論之，要達成此目標的過程需要群策群力，從中央到地方政府、從企業到民間，需要見樹也要見林，綜整「由上而下」與「由下而上」的力量才能有效促成，而這也是民主國家的真諦，相信不久的未來，在大家的努力下，永續城市與社區在臺灣將遍地開花。

參 SDG 11 延伸問題

1. 個人與社區層面：從小成長的過程，您是否有觀察到，在家庭、校園或日常生活的社區公共空間有因應全球暖化或極端氣候的規劃與設計？另外，在家庭、校園或日常生活的社區公共空間有沒有哪些針對全球暖化或極端氣候的規劃與設計可以調整及增加？

2. 社會與國家層面：在臺灣的交通、居住、就業、教育、文化等政策中，哪些有針對弱勢族群、婦女、兒童、身心障礙者或老年人特別設計？這些政策有哪些優點、缺點？又有哪些可以改善呢？

3. 跨國與全球層次：請分享國際上您欣賞的城市規劃與設計案例。這些案例中，哪些具體作法是在促進形成具包容性且安全的生活環境？另外，這些案例讓您有什麼啟示或是否有哪些可以讓我們參考並落實在生活周邊？

肆 SDG 11 教學實踐點子

SDGs 目標：永續城市與社區

「言教、身教、境教」為教學現場常運用的三種教學方法，在快速變遷的社會中，所謂的境教，更顯重要，因此，目前在教育現場強調讓學習走出教室，甚至是校園，以促進學生在真實情境中學習。這個活動回應的是永續發展目標的第 11 項（SDGs11. 永續城市與社區），希冀透過學生在學校情境中的觀察，以體認並瞭解空間友善與通用設計對於人我的重要性。

學習目標

1. 認知：在美學素養學習的基礎後，本活動將美學延伸到實際與實用的生活層面上，於知識部分，首先讓學生理解為何需要通用設計？再讓學生瞭解通用設計的定義與原則。

2. 情意：過去在校園中，使用校園設施者的年齡與狀態被較為單一地設定。隨時代變遷，校園設施使用者越來越多元，空間的使用也必須越來越友善與彈性。透過此活動的進行，希望促進學生觀察校園中的通用設施，以設身處地為各類校園使用者著想，讓大家一起共創友善的校園空間。

3. 技能：促進學生將課堂所學的美學與通用設計的知識運用在生活當中，將來有機會，也能將此理念運用於自己生活周邊的空間規劃中。

引自 Education for Sustainable Development Goals：Learning Objectives

☐ 系統思維　■ 預期未來　■ 價值反思　☐ 創新規劃
☐ 溝通協作　☐ 批判思考　☐ 自我意識　☐ 解決問題

核心素養呼應說明

1. 價值反思：促發學生從個人層次的思考發展至同理各種校園使用者運用設施的狀態，進而引發學生對既有價值與刻版印象的省思。

2. 預期未來：人生無常，未來可能面臨的生活狀態是無法控制的，在這個活動中，也希望讓學生瞭解隨著年齡增長或因意外、因病而產生的身體狀態轉變，將會影響個人的日後的生活與日常的行動。

實施方式	內容說明
引起動機	在民主國家的體制下，憲法保障人民的平等權，加上我國公民素養日益成熟，我國已是亞洲第一個同性婚姻合法的國家。在思維上，我國學生在多元包容的部分日漸增長，唯校園空間對多元族群的友善應與觀念的友善同時並進。教師在活動進行前，會先敘述活動設計的背景與精神，並帶入 SDGs 的介紹，使學生理解活動進行的意義。

公平使用
彈性變動
節省體力
簡單易懂
容許誤差

| 發展活動 | 1. 介紹通用設計的定義與原則：教師整理吳可久（2012）的文章，以進行通用設計背景與定義的說明，並綜整五個通用設計的原則。
2. 校園環境觀察：教師提供校園觀察的架構，並引導學生至校園現場找到兩個通用設計的設施並書寫觀察記錄表。 |

課堂練習B

校園巡禮：找到二個校園內符合通用設計的設施或地點

編號	拍攝地點	拍攝時間	設施或地點的簡要描述	此設施符合哪些通用設計的原則
1				
2				

| 綜整活動 | 1. 個別完成觀察與記錄後，將成果上傳至教師所公告之平台。
2. 回到課堂教室後，教師可將個別觀察成果呈現於投影片上，引動學生的分享與討論。 |

成果上傳平台連結：

課堂練習：生活巡禮（通用設計）
1. 在生活中找到二個符合通用設計的設施或地點，並拍下照片。
2. 依據表格書寫照片基本資料，並說明為何人人得以使用。

• 上傳課堂練習的筆記本表格內容與2張照片。
• 留下班級、學號、姓名。

教學 提醒	1. 觀察架構：教師應提供學生校園觀察的架構，以促進學生將所學知識運用於實際生活情境中。 2. 時間控管：校園觀察時間應妥善掌握，以順利完成課程活動。
參考 資料	通用設計之意義與發展 （吳可久，2012）

線上教學

壹 國際與臺灣細項目標

針對目標 12 以下點列國際細項目標與臺灣的細項目標，以利於全面瞭解此目標關鍵細項內容。

一、國際細項目標

（一）細項目標

12.1 由已開發國家帶領開發中國家，考量其發展與能力，展開永續消費與生產十年計畫架構 (10YEP)。

12.2 在西元 2030 年以前，實現自然資源的永續管理以及有效率的使用。

12.3 西元 2030 年以前，全球糧食浪費減少一半，以及減少生產與供應鏈之糧食損耗。

12.4 依據協定國際架構，環保地妥善管理化學藥品與廢棄物，並大幅度減少其釋放到空氣、水與土壤中，以減少對人類健康與環境的傷害。

12.5 產生透過預防、減量、回收與再使用，大幅減少廢棄物的產生。

12.6 鼓勵公司採用永續做法和永續報告，尤其是大規模與跨國公司，採取永續發展地工商作法，並將永續性成　果納入季報中。

12.7 依據國家政策提升可永續發展地公共採購流程。

12.8 確保每個地方的人都有永續發展意識，擁有跟大自然和諧共處的生活方式。

關鍵字：綠色經濟、碳足跡、糧食浪費、廢棄物減量、減塑

（二）實踐策略

12.a 協助開發中國家加強科學與科技能力，朝向可持續生產與消費模式。

12.b 制定及實施政策，監測永續發展對創造就業，促進地方文化與產品的永續觀光的影響。

12.c 依據各國情對鼓勵浪費性消費的低效石化燃料補助進行改革，作法包括調整稅收結構，逐步廢除這些有害的補助，以反映其對環境的影響，全盤思考開發中國家的需求與狀況，以保護貧窮與受影響社區的方式，降低它們對發展的不利影響。

二、臺灣細項目標

（一）細項目標

具體目標 12.1：落實綠色工廠制度，推廣搖籃到搖籃（Cradle to Cradle, C2C）設計理念，鼓勵企業生產綠色低碳產品，建立產品與清潔生產的綠色標準，積極執行污染性工廠遷廠至產業園區。

具體目標 12.2：掌握關鍵物料使用情形，納入物質生命週期的永續管理，促進原物料永續使用（同具體目標 8.4）。

具體目標 12.3：減少生產供應鏈糧食損失，同時減少消費端食物浪費。

具體目標 12.4：經由綠色生產減少廢棄物產生，提升廢棄物再利用處理技術能力，促進資源再生產業朝更高效益發展，遵照國際公約管理化學物質和廢棄物。

具體目標 12.5：推動跨產業合作鏈結模式，整合能資源進行有效循環利用，推動我國循環經濟發展。

具體目標 12.6：鼓勵企業採取永續發展措施與揭露永續性資訊，同時確保資訊正確度與品質。

具體目標 12.7：推動公私部門綠色採購。

具體目標 12.8：推動環境友善與循環農業，以降低農業施作過程與產生之廢棄物對土壤、水的污染。

具體目標 12.9：辦理推動永續消費與生產、友善環境科技相關計畫。

具體目標 12.10：推動永續觀光發展，引導觀光產業提供綠色、在地等旅遊模式，打造臺灣永續觀光環境與提升產業價值（同具體目標 8.8）。

（二）實踐策略

具體目標 12.a：辦理推動永續消費與生產、友善環境科技相關計畫。

具體目標 12.b：推動永續觀光發展，引導觀光產業提供綠色、在地等旅遊模式，打造臺灣永續觀光環境與提升產業價值。

貳　針對 SDG 12：負責任的消費與生產觀點與看法以及案例

一. 目標闡述

英文中常常用 mother earth 來形容我們所身處的星球—地球，的確地球就像我們的母親一樣，孕育我們，而且人類到現在為止仍無法完全脫離地球生存，即使在外太空站工作的太空人，還是需要從地球送補給過去，不是嗎？

近一百年來，人類在外太空尋尋覓覓適合人類生存的環境，目前為止，仍沒有星球像地球一樣適合人類居住。在地球上，我們視為理所當然的一切，空氣、水、土地、海洋、石油、天然氣、礦物，這些豐富的自然資源，長久以來讓人類予取予求，就算過度使用，我們幾乎不用付出任何經濟代價，地球上的生物這麼多，就人類，最像「地球啃老族」。

啃老族的生產與消費方式可說源自於 18 世紀工業革命，工業革命為人類的生產方式與消費方式帶來翻天覆地式巨大的改變；工業革命前，大部分的生

產活動以家戶為單位，人力手工、獸力與非機械化工具輔助，讓每件商品可說是獨一無二的存在；工業革命，自動化機具的發明，把產能的限制從人力中解放出來，讓幾乎所有產業進入大規模量產與 cost down 生產思維，在這樣的資本主義邏輯下，生產者思維便著重於「如何讓創造更多消費」，進而生產出低價且生命週期短的商品，配合各種促銷銷售邏輯，人們的消費行為也轉變為拋棄型消費。大規模生產加上拋棄型消費模式，衍生的便是資源過度使用 (濫砍、濫捕、過度使用土地)、過度生產、浪費食物、製造大量垃圾，進而衍生出生態系破壞、土壤汙染、空氣汙染與水資源汙染問題，這些都與人類是否可以健康存續息息相關。

因此，人類需要意識到地球不是人類的，要「有責任感地使用資源」，人類引以為傲的文明、津津樂道的工業革命和科技發展，那些我們所謂「發展產業」、創造商業價值的過程，所造成的資源消耗，已經遠遠超出地球所能提供的。具體而言，身為生產者、消費者的我們，必須好好學習如何以可持續的方式使用和生產，以扭轉我們對母星地球 (mother earth) 造成的傷害。

在目標教學方面，建議老師著重在「賦能」，賦能的教學著重讓學生掌控學習、擁有選擇權。讓學生了解以下重要精神，從自身消費行為開始：消費者有能力透過有意識的選擇改變生產者策略，採取永續消費，減少不必要的購買，或購買時以永續性考量、未來工作領域上，我們也可以透過永續觀念的倡議，促使公司邁向永續生產或服務。

二． 實例：此以永續生產為主

國內：

91% 廢膠沒回收！台灣香蕉莖纖維如何取代塑膠？| 地方創生案例：高雄旗山

這個案例是地方創生與永續生產結合非常棒的例子，原本沒落的產業，可以因為邁向永續發展創新，找到重啟地方經濟的策略。

全球首雙海洋垃圾鞋　只有台灣能做

近年來已經有環團開始努力用各種方式打撈各大海洋裡的垃圾(塑膠居多)，用海洋塑料製作鞋子，已經成為廢物變資源的顯學。而這個技術就在台灣。

國際：

回收機器人黛西　蘋果送給地球的生日大禮

手機垃圾是地球上 3C 垃圾比例甚高的商品，造出耐用、不會壞的手機似乎又與生產者利益相悖離。蘋果推出最新的回收機器人黛西，每小時能拆解 200 支 iPhone、細密分類，有效回收傳統方式無法處理的舊手機零件。以回收零件再利用建構出永續生產模式。

參 SDG 12 延伸問題

1. 還記得毒奶粉和地溝油事件嗎？身為消費者您若食用了這樣的產品，您會有什麼感受呢？為什麼廠商會這樣做呢？政府可以制定什麼政策避免這樣的事情再次發生呢？消費者怎麼應對？

2. 您在學校附近買中餐的時候，可以有哪些措施，讓自己成為負責任的消費者呢？

3. 您認為作為一個負責任的消費者，在購買食衣住行育樂產品或服務時，分別應該注意什麼事情呢？請試著舉例說明。

4. 負責任的消費會一定付出更高的成本嗎？會對自己或環境產生什麼正向影響？

5. 負責任的生產包括哪些面向呢？例如原料、製程、勞動待遇、勞動環境與製造環境、銷售等等。負責任的生產會產生更高的成本嗎？消費者或是地球為什麼需要生產者負起永續責任？

6. 其他參考資源影片：Earth again

肆 SDG 12 教學實踐點子

SDGs 目標：負責任的消費與生產
確保永續消費及生產模式。

學習目標
帶領同學從認知、情感層面，到行動層面的生活中減塑。

核心素養
引自 Education for Sustainable Development Goals：Learning Objectives

☐ 系統思維　☐ 預期未來　■ 價值反思　☐ 創新規劃
☐ 溝通協作　☐ 批判思考　☐ 自我意識　☐ 解決問題

核心素養呼應說明
透過課程帶領，引導同學反省自己過度浪費、過度消費的行為。

實施方式	內容說明
引起動機	【認知－觀念澄清－回收的迷思】 提問法：拿起同學桌上的塑膠袋， 「你覺得你『回收』之後，這個塑膠袋會去哪？」 講述：提醒同學，我們消費時候常常在製造「一次性塑膠製品」，我們做到 「資源回收」就是盡到「環保」責任了嗎？ 【情意】 影片觀賞：看微塑料影片 (18 分鐘)，這是一部非常撼動人心的影片， 用許多具體的數字來瞭解微塑料如何傷害海洋生物和人類身體，甚至有可能 影響人類繁衍。
發展活動	【行動】(課餘時間)： 以兩週為單位，記錄自己省下的塑膠製品與數量。兩週後每位同學都要上台分享。 【認知、情意】減塑分享、強化減塑意識 (30 分鐘)： 1. 同學上台分享：一個具體的拒絕塑膠品經驗、少用各種塑膠製品之數量。 2. 直接在電腦用雲端試算表記錄數量，讓全班同學同時檢視。

綜整活動	【認知澄清】從減少塑膠替代減少消費 1. 影片欣賞：極簡生活 (一条) 2. 說明：從工業革命到資本主義 　大量生產、大量消費的資本主義邏輯，對環境造成的傷害 　許多同學是一樣喝很多飲料，但是用環保杯、環保吸管。 　引導同學思考，是否可以減少不必要消費，創造更好的生活品質， 　落實更根本的環保生活。 【行動】更多行動，PDCA 宣傳行動 　1. 以 CPS 發想減塑的推廣行動　2. 課堂報告　3. 執行計畫 　4. 回報成效　5. 修正再行動
教學提醒	每兩週分享一次減塑成效，到第三、四次分享時，可以直接採用加總計算，節省統計時間。
參考資料	微塑料 (自說自話總裁)　 極簡生活 (一条)

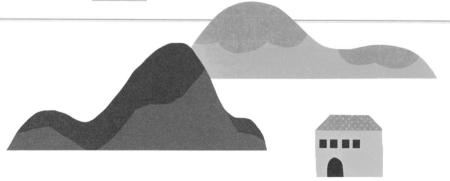

 **13 氣候行動**

設計者：游曉薇

 線上教學

壹 國際與臺灣細項目標

針對目標 13 以下點列國際細項目標與臺灣的細項目標，以利於全面瞭解此目標關鍵細項內容。

一、國際細項目標

（一）細項目標

13.1 強化所有國家對天災與氣候有關風險的災後復原能力與調適適應能力。

13.2 將氣候變遷措施納入國家政策、策略與規劃之中。

13.3 增進人員與機構在氣候變遷相關議題上的能力。加強在氣候變遷的減緩、適應、減少影響與早期預警等方面之教育與宣導，提昇意識。

（二）實踐策略

13.a 已開發國家履行在《聯合國氣候變化框架公約》下的承諾，在西元 2020 年以前，落實每年從各個來源募得美元 1 千億，以有意義的減災與透明方式解決開發中國家的需求，並盡快讓綠色氣候基金透過資本化而全盤進入運作。

13.b 提升開發度最低國家中建立增強能力機制，幫助其進行有效的氣候變遷規劃與管理，包括將關注重點放在婦女、年輕人、地方社區與邊緣化社區。

- 採取緊急措施以因應氣候變遷及其影響。

關鍵字：氣候變遷、氣候變遷對策、劇烈氣候、溫室效應、全球減碳

二、臺灣細項目標

核心目標：完備減緩調適行動以因應氣候變遷及其影響。

（一）細項目標

　　具體目標 13.1：增進氣候變遷調適能力、強化韌性並降低脆弱度。

　　具體目標 13.2：執行溫室氣體階段管制目標。

　　具體目標 13.3：提升氣候變遷永續教育與民眾素養。

貳 針對 SDG13：氣候行動觀點與看法以及案例

　　全球暖化、氣候變遷等語詞對大眾來說已經不陌生，世界各國共組協定，自「1992 年聯合國氣候變遷綱要公約」，至「1997 年通過京都議定書」、「2015 年巴黎協定」等，或者例如：2006 年美國紀錄片《不願面對的真相》、2017 年《不願面對的真相 2》、《洪水來臨前》等，都讓大眾對氣候變遷的意識提升，但是也代表氣候危機正在全球發生。

　　氣候變遷內容可能包括：氣溫上升、暴雨頻繁、海平面上升等現象，這些氣候變遷帶來的衝擊，包括熱浪、乾旱、異常氣象、土石流、洪災、暴潮、國土流失、海水酸化、空氣品質惡化、海溫上升等，影響層面則涵蓋氣候、防災、生態系統、農林漁牧業等。

　　英國衛報報導，根據英國慈善組織「基督教援助」（Christian Aid）的研究，西元 2019 年至少有 15 起天災與氣候危機有關，這些天災造成的損失每件都超過 10 億美元（7.6 億英鎊），其中一半以上損失超過 100 億美元。

　　氣候劇變在全世界各地發生，嚴峻的程度就像電影情節一般一齣齣上演。光是在西

元 2021 年 7 月：暴雨襲擊西歐多國，24 小時的降雨總量在 100-150 毫米之間，相當於該地區一個多月的降雨量；中國鄭州也在三天之內降下約 600 毫米，為該地區一年的降雨量；北美西部則是熱浪不斷，加拿大出現有史以來的最高溫度 49.6 攝氏度，數十位民眾因高熱而死，且山火不斷。

以臺灣的狀況來說，西元 2016 年霸王寒流、2020 年幾乎沒有冬天、2021 年大旱，極端氣候不只讓臺灣更熱、更缺水，也讓傳染病、熱傷害相關疾病更嚴重。不僅將使全球動植物的生存受到威脅，人類社會的基本結構，也將因應氣候變遷帶來的衝擊而產生變化。氣候變遷使得人類面臨諸多險境，嚴重影響經濟活動與生態系統，造成的巨大衝擊。

在西元 2015 年聯合國提出 SDGs 永續發展目標時，「SDGs 項目 13：氣候變遷對策」這個項目內涵為：採取緊急措施以因應氣候變遷及其影響。目標：1. 強化所有國家對氣候相關的災害、自然災害的抵禦與適應能力。2. 將氣候變遷措施整合到國家政策、戰略和規劃當中。3. 改進對氣候變遷減緩之適應、減少影響、早期預警等方面的教育，提高人與機構的能力。

西元 2019 年牛津辭典選出年度詞彙之一：「氣候緊急」（Climate Emergency），顯示出氣候應變的急迫性，因為若未能妥善因應，將導致社會面臨整個系統失靈的嚴重後果。在應變的對策上，近年人為的全球暖化、洋流變化、氣壓變化等被認為是造成極端天氣的成因。所以「全球減碳」幾乎已經是普世價值，所以幾個重大的各國協定幾乎以此為出發。但也不乏有懷疑論者，最知名的代表應是前美國總統川普，並且以不利美國經濟為由退出巴黎氣候協定。

有多個國家用科技與創意應變氣候變遷的具體作為，如：荷蘭鹿特丹與水共生，良好的官民合作，從各方面做起，像是第一座「儲水廣場」、栽種植物的綠色屋頂等。臺灣 2002 年頒布「國家氣候變遷調適政策綱領」，內容分就災害、維生基礎設施、水資源、土地使用、海岸、能源供給及產業、農業生產及生物多樣性與健康等 8 個調適領域，

詳細陳述各領域所受氣候變遷的衝擊與挑戰。此外，近年來亦積極推動節約能源及投入綠色能源相關基礎科技及應用的研發，發展綠色經濟及低碳社會。

參 SDG13 延伸問題

1. 請分享來到大學以前曾接受過的防災教育或活動，評估自己對於防災教育素養程度如何 (或者可以到內政部網站進行線上「防災知識小測驗」)。如果現在學校內突然發生重大的災害，請問您知道應進行的災害防救通報、後續處理方式嗎？

2. 根據環保署「臺灣氣候變遷調適平台」資料顯示，臺灣近年的降雨趨勢有兩極化現象，極端多雨、極端少雨日數都有增加趨勢，顯示未來淹水或乾旱的發生機率也會提升。針對此項，請問您是否能舉例運用科技或創意來適應此項氣候變遷的具體作為 (借鏡他國或自己的創意構想皆可)。

3. 自西元 1995 年起聯合國每年邀集全球領袖，舉辦「聯合國氣候變化大會（COP）」，目標是在約束各國人類活動對氣候的衝擊。請查看最近一年此高峰會的討論內容與各條款，談談您的看法 (例如：持續討論中的「碳排放交易機制」問題)。

肆 SDG 13 教學實踐點子

SDGs 目標：氣候行動

全球減碳幾乎已經是普世價值，我們有哪些因應的對策，這些對策的實行過程如何？對於減碳做出了什麼具體貢獻？希望透過同學自身的資料蒐尋與數據論證，對於此議題更有感觸，進而實踐有效力的氣候變遷對策行動。

學習目標

1. 認知：讓同學了解 SDGs 的指標意涵。認識各國對氣候變遷對策、合作協定，了解到目前台灣面對的氣候變遷問題與現狀如何？

2. 情意：從世界、國家、個人各層面思考環境議題及其實踐，體認關心社會公共議題的重要性，進而提升氣候變遷永續教育與素養。

3. 技能：使學生落實低碳在地行動，並透過活動討論中學習對生活中所知、所見事物的觀察能力、採訪能力，進而達到有能力思考、批判。

核心素養

引自 Education for Sustainable Development Goals：Learning Objectives

☐ 系統思維　■ 預期未來　■ 價值反思　☐ 創新規劃

☐ 溝通協作　■ 批判思考　☐ 自我意識　☐ 解決問題

核心素養呼應說明

1. 預期未來：氣候變遷為全球議題，當國家利益、政治、經濟、社會價值觀等各方角力下，各國將做出哪些決定？

2. 預期未來：世界各國為了碳排放量，已有許多合作協定，如能實現 2050 年淨零排放目標，全球將升溫多少呢？海平面會上升多少呢？讓學生思考未來的生活，未來的世界會如何？

3. 批判思考：提出全球暖化的懷疑論調，讓同學對於長期以來被宣導的氣候變遷、節能減碳進行思考。

實施方式	內容說明
引起動機	對抗全球暖化，在進入 21 世紀之後，幾乎已成普世價值、全球運動。但是也不乏有懷疑論者。 透過讓學生觀看 2007 年 BBC 紀錄片《全球暖化是騙局》，一直到 2020 年美國總統大選兩位候選人 (川普、拜登) 的氣候變遷觀念談起，讓學生對自己原本所認識的事情，多一些探索興趣，提升氣候變遷永續教育與素養。

發展 活動	1. 教師在活動進行前，敘述活動設計原由，介紹此項目「SDGs13 氣候行動」，認識各國對氣候變遷對策、合作協定 (2015 年巴黎氣候協定目標)，使學生理解活動意義。 2. 課堂播放 BBC 紀錄片《全球暖化是騙局》片段。 3. 請學生分為兩大隊 (正、反方)，再各分為 3 組 (一辯、二辯、三辯)，用兩週的時間，各自收集辯論資料。各辯主要負責說明資料為： 　一辯 (3 分鐘、申辯 3 分鐘)：全球暖化的正 / 反說法與例證 　二辯 (3 分鐘、申辯 3 分鐘)：有關國際對策、協定及其影響 　三辯 (3 分鐘、申辯 3 分鐘)：具體作為與減碳效益 (建議多以台灣為例) 4. 結辯：休息 5 分鐘後，請兩大隊各推派一位代表，進行結辯。
綜整 活動	個別辯論活動後，由教師引導，進行經驗衝突與反思、思考解決方案、跨域思考等綜合討論，評估目前台灣或個人作法是否呼應、合乎 SDGs 項目指標。
教學 提醒	收集權威資料：請同學在蒐集資料時，必須要找到權威資料，避免假新聞或假訊息 (本課程讓同學 2 星期進行資料收集)。
參考 資料	2020 臺灣永續發展目標年度總檢討報告　 環境資訊中心全球暖化　 BBC 紀錄片《全球暖化是騙局》(2007 年)

線上教學

壹 國際與臺灣細項目標

針對目標 14 以下點列國際細項目標與臺灣的細項目標，以利於全面瞭解此目標關鍵細項內容。

一、國際細項目標

（一）細項目標

14.1 在西元 2025 年前預防並大幅減少各類海洋污染，特別是陸上活動造成的污染。

14.2 在西元 2020 年前，保護海洋和沿海生態系統，採取行動幫助它們恢復原狀，使海洋保持健康、物產豐富。

14.3 各層級強化科學合作，減少和應對海洋酸化的影響。

14.4 在西元 2020 年前，有效規範捕撈活動，終止過度捕撈、非法、未報告和無管制的捕撈活動以及破壞性捕撈作法，執行科學的管理計畫，盡快復育魚群。

14.5 在西元 2020 年前，根據國內、國際法與科學資訊，保護至少 10% 的沿海和海洋區域。

14.6 在西元 2020 年前，禁止某些補助或助長過度捕撈的漁業補貼，同時承認給予發展中國家合理、有效的特殊和差別待遇，此為世界貿易組織漁業補貼談判的重要部分。

14.7 在西元 2030 年前，增加小島嶼未開發與發展中國家，通過可持續利用海洋資源獲得之經濟收益。

- **保育及永續利用海洋與海洋資源，以確保永續發展。**

關鍵字：海洋生物多樣性、海洋汙染、海洋資源、破壞性捕撈、小島嶼發展中國家

（二）實踐策略

14.a 提高科學知識，培養研究能力和轉移海洋科技，思考跨政府海洋委員會的海洋科技轉移準則，以改善海洋的健康，增進海洋生物多樣性對開發中國家的發展貢獻，特別是 SIDS 與 LDCs。

14.b 提供小規模個體漁民獲取海洋資源與進入市場的管道。

14.c 確保《聯合國海洋法公約》（以下簡稱 UNCCLOS）簽約國全面落實國際法，包括現有的區域與國際制度，以保護及永續使用海洋及海洋資源。

二、臺灣細項目標

（一）細項目標

具體目標 14.1：減少各式海洋污染，包括營養鹽及海洋廢棄物。

具體目標 14.2：以永續方式管理並保護海洋與海岸生態。

具體目標 14.3：減緩並改善海洋酸化的影響。

具體目標 14.4：有效監管採收、消除過度漁撈、以及違法、無報告及不受規範（簡稱 IUU）、或毀滅性漁撈作法，並設法恢復魚量達永續發展水準。

具體目標 14.5：保護至少 10% 的海岸與海洋區。

具體目標 14.6：不予提供非法、未報告及不受規範漁撈行為的補助。

（二）實踐策略

具體目標 14.b：政策上輔導及保護家計型小規模漁撈業者所捕撈漁獲銷售順暢。

具體目標 14.c：落實聯合國海洋法公約（UNCLOS）現有的區域與國際制度。

貳　針對 SDG 14：水下生命觀點與看法以及案例

一、目標介紹

　　海洋對於居住在陸地上的人類，好像不是這麼直接有關聯？我們也曾經在地理、生物課程讀過水循環的概念，海洋絕對是生態系中至關重要的一環。以下這些數據或許會讓我們更為改觀，首先，海洋覆蓋地球表面的近四分之三，占地球全部水資源的 97%，若以體積衡量，海洋佔據了生物在地球上所能發展空間的 99%；海洋蘊藏著世界上最大的蛋白質資源，全世界超過 30 億人的生計依賴于海洋和沿海的多種生物；海洋吸收約 30% 人類活動產生的二氧化碳，緩衝著全球暖化的影響。

　　由此可見，海洋生物的存亡反映出海洋是否健康，也連帶與人類息息相關。據此，聯合國訂定 6 月 8 日為「世界海洋日」，藉此鼓勵大家重視海洋生態、降低資源過度消耗等問題。

　　從政策面而言，各地政府須透過海洋保護區有效且永續管理海洋資源，並落實各種避免過度捕撈、海洋污染和海洋酸化等問題的策略。對於不常接觸到海洋、也不是政策制定者的我們，到底怎麼做呢？這就與目標 12 負責任的消費與生產息息相關了。

　　眾多海洋汙染中，以排入海洋中的各種廢棄塑料為大宗，海洋上粗估已經有五個垃圾島，其中最大的垃圾島「太平洋垃圾帶」，是德州的兩倍大；而中大型塑料被各種海洋生物誤食，危害海洋生物生命與健康，網路上有許多海龜誤

食塑膠袋、海獅被廢棄魚網纏繞、鯨魚因誤食塑膠袋致死之照片，這些都是正在發生的真實悲劇；而這些塑料在海洋中也無法完全降解，反而是形成極為細小的微塑料，這些微塑料則因為食物鏈進入人體，並人體健康產生危害。

據此，我們身為消費者，可以透過消費行為，減少對於海洋的汙染、對海洋生物過度捕殺。

二、重要理念

2.1 塑料是危害海洋生命的主要兇手。

2.2 選擇永續生產的廠商商品，也能夠進一步保護海洋生態。

2.3 我們可以拒食傷害海洋永續發展之餐點，透過需求面減少，改變供給面行為。

2.4 與 12 年國教連結：「人與海洋和諧發展」為終極關懷的教育理念，對應於「能夠瞭解海洋對你的影響以及你對海洋的影響」這個國際性海洋素養的界定。

2.5 政策連結：臺灣在 2020 國家海洋政策白皮書中提到：臺灣是海洋國家，海洋是臺灣最重要的出路。

三、案例

國內：

在臺灣推動責任漁業指標

徐承堉與民間保育團體合作，參考國外制度，希望在台灣推動「責任漁業指標」（簡稱 RFI）。

國外：

「海洋吸塵器」真的行得通！小至 0.1 公分的海洋垃圾也能清除

來台前搶先專訪》22 歲海洋垃圾終結者

荷蘭海洋潔淨基金會（Ocean Cleanup）執行長柏楊・史萊特（Boyan Slat），從 19 歲就有清潔海洋的想法，並且築夢踏實。西元 2019 時已經被證明，他所發明且不斷革新的海洋吸塵器，可以有效地「回收」漂浮在海面上的垃圾，並且透過販賣這些塑料，是可以獲利的，是個具有商業價值的永續發展服務模式。

* 其他參考資源影片：

 Earth again

參 SDG 14 延伸問題

1. 最近幾年有去過臺灣任何一個海灘嗎？那個海灘乾淨嗎？如果沒有，您覺得是誰的功勞呢？如果有垃圾，您覺得那些垃圾是從哪裡來的呢？

2. 海洋生態跟生活在陸地上我們的關係好像很小，但全世界有許多人口在生存、飲食上都相當仰賴海洋，您知道大概有多少人嗎？

3. 海洋垃圾中，最多也最難處理的就是塑料，您知道從西元 1950 年起，人類生產丟棄了多重的塑料嗎？您知道目前有哪些處理海洋垃圾的策略嗎？

4. 除了減少垃圾，我們可以還從飲食面著手保護海洋生態，過量的使用都是造成傷害，您知道人類哪些飲食又對於海洋食物鏈的傷害特別大呢？

肆 SDG 14 教學實踐點子

SDGs 目標：水下生命
保育及永續利用海洋與海洋資源，以確保永續發展

學習目標
從餐桌上的海鮮美食切入，帶領學生思考海洋資源永續發展。
1. 學生認識飲食習慣對於海洋生態的影響。
2. 學生能從生活選擇開始展開保護海洋資源的行動。

核心素養
引自 Education for Sustainable Development Goals：Learning Objectives

☐ 系統思維　☐ 預期未來　■ 價值反思　■ 創新規劃
☐ 溝通協作　☐ 批判思考　☐ 自我意識　☐ 解決問題

核心素養呼應說明
1. 價值反思：透過生活中的用餐反思，澄清飲食選擇和海洋生態環保價值之關聯性。
2. 創新規劃：藉由 CPS 創意發想，規劃出合適的保護海洋生態行動。

實施 方式	內容說明
引起 動機	【喜宴菜單大亂鬥 - 海鮮篇】 請同學分享網路上的喜宴菜單、吃過的喜宴餐點中的海鮮餐點 1. 分組：全班分為四至五組。 2. 蒐集資訊：上網搜尋或根據經驗寫出喜宴海鮮食材清單（3 分鐘）。 3. 列清單：在雲端文件列出清單。 4. 比拚時間：每組輪流喊出清單上食材。 4.1 豐富獎：寫最多食材的組別。 4.2 精確獎：有寫到魚翅的組別。 5. 重點說明：魚翅與螃蟹。
發展 活動	【海洋生態】 1. 影片觀賞：魚翅、螃蟹怎麼來？捕撈短片（前半段 00:44-00:59）。 2. 團體活動（視班級人數調整） 2.1 呈現：以投影片或磁鐵呈現海中生物群：1 隻鯊魚、2 隻大魚、3 隻中魚、4隻小魚、4 隻小蝦子、6 團浮游生物。 2.2 活動開始：提問：各種生物數量規劃的原因。 活動： a. 食物鏈：抽籤五位同學上台，畫出生物之間食物鏈關係線。 b. 人類行為：人類出現，捕鯊，獲取「魚翅」；討論採用魚翅的婚宴中一次要捕殺多少鯊魚。

發展 活動	c. 食物鏈破壞：請同學回答頂端掠食者瀕臨滅絕之後，對於整個食物鏈的影響。 3. 價值衝突 3.1 立場衝突：婚宴討論角色扮演，一半同學新人立場，另一半同學扮演長輩 　　傳統立場。 3.2 協調方法：討論說服長輩的方式。
綜整 活動	1. 活動結論：餐桌上餐飲的選擇，會影響到海洋生態。 2. 角色衝突與協調：確立說服策略與方法。以同理心進行善意溝通，與處理協 　調失敗後，如何進行關係修復。
教學 提醒	在價值衝突的帶領上，教師應著重在理性溝通與友善表達之引導，避免成為吵 架的非理性溝通。
參考 資料	Over 73 Million Sharks Killed Every Year for Fins （魚翅、螃蟹怎麼來？）

線上教學

壹　國際與臺灣細項目標

針對目標 15 以下點列國際細項目標與臺灣的細項目標，以利於全面瞭解此目標關鍵細項內容。

一、國際細項目標

（一）細項目標

15.1 在西元 2020 年以前，依照國際協議規定的義務，保護、恢復及永續使用領地與內陸淡水生態系統及其服務，尤其是森林、沼澤、山脈與旱地。

15.2 在西元 2020 年以前，進一步落實各類森林的永續管理，終止森林砍伐，恢復遭到破壞的森林，並大幅增加全球的植樹造林。

15.3 在西元 2020 年以前，對抗沙漠化，恢復惡化的土地與土壤，包括受到沙漠化、乾旱及洪水影響的地區，致力實現沒有土地破壞的世界。

15.4 在西元 2030 年以前，落實保護山脈生態系統，包括其生物多樣性，以改善山脈系統提供有關永續發展的有益能力。

15.5 採取緊急且重要的行動減少自然棲息地的破壞，終止生物多樣性的喪失，在西元 2020 年以前，保護及預防瀕危物種的絕種。

15.6 確保基因資源使用所產生的好處得到公平公正的分享，促進基因資源使用的適當管道。

15.7 採取緊急動作終止受保護動植物遭到盜採、盜獵與非法走私，並解決非法野生生物產品的供需。

- 針對陸地生態系統，具備保護、恢復和促進永續利用理念。

關鍵字：生態系統、森林永續管理、生物多樣性、沙漠化、國土規劃、外來種

15.8 在西元 2020 年以前，採取措施以避免侵入型外來物種入侵陸地與水生態系統，且應控管或消除其重點物種。

15.9 在西元 2020 年以前，將生態系統與生物多樣性價值納入國家與地方規劃、發展進程與脫貧策略中。

（二）實踐策略

15.a 動員並大幅增加來自各地的財物資源，以保護及永續使用生物多樣性與生態系統。

15.b 大幅動員來自各方的各個層級資源，用於永續森林管理，並提供適當的獎勵給開發中國家改善永續森林管理，包括保護森林及重新造林。

15.c 改善全球資源，以對抗保護物種的盜採、盜獵與走私，作法包括提高地方社區的能力，以追求永續發展的謀生機會。

二、臺灣細項目標

（一）細項目標

具體目標 15.1：保護、維護及促進陸域及內陸水域生態系統的永續利用。

具體目標 15.2：落實森林永續管理，終止森林盜伐，恢復遭到破壞的森林

具體目標 15.3：恢復退化的土地與土壤。

具體目標 15.4：落實山脈生態系統的保護。

具體目標 15.5：野生動植物受威脅程度未劣化或呈現改善趨勢。

具體目標 15.6：確保基因資源使用所產生的好處得到公平公正的分享。

具體目標 15.7：查緝野生動物盜獵與非法走私。

具體目標 15.8：採取措施預防及管理外來入侵種，以降低其影響。

具體目標 15.9：將生態系統與生物多樣性價值納入國家與地方規劃及發展流程。

貳 針對 SDG 15：陸域生命觀點與看法以及案例

此目標主要談及需要保護、恢復和促進陸域生態系統永續利用，阻止森林、土地沙漠化，以及遏止生物多樣性喪失。此目標關鍵與重要在於森林是陸地物種，包含動物、植物與昆蟲重要的棲息與家園，擁有生物多樣性及其所支撐生態系統，也成為氣候變遷減緩和災害風險減輕策略基礎。

這一個目標，最核心便是「土地」，陸域生命核心的源頭，就是土地，談到土地就需要談及土地倫理之父李奧波 (Aldo Leopold) 在《沙郡年記》一書中重要概念與所有讀者共勉，書中提到「土地倫理會改變人類的角色，使他們從土地社群裡的征服者變成社群裡普通的成員和公民，這樣的角色，便包含對他其餘的成員夥伴的尊重，以及對整個社群本身的尊重。」希冀透過此本書，不斷自省人與環境關係，也重新思考人類在當代與世代之間責任，同時也回應永續發展的在西元 1987 年的定義：「既能滿足當代人類現今的需求，又不損害後代人類滿足他們需求的發展模式。

您與環境的距離為何呢？與您分享一本書《失去山林的孩子：拯救「大自然缺失症」兒童》(Last Child in the Woods)，這一本書是長期關注自然與兒童議題的美國資深記者理查・洛夫 (Richard Louv)，以親身採訪過的眾多案例，結合環境心理學、自然史學、人類生態學、神經生物學、教育心理學學者的論點與多年的研究，這本書就點出了在科技陪伴下長大的美國孩子跟大自然到底有多麼脫節。書的副標題是「拯救大

自然缺失症兒童」(Saving Our Children from Nature-Deficit Disorder)。大自然缺失症」其實並不是一個醫學診斷，Richard Louv 是借用這個詞來說明人類因疏遠大自然而產生的各種現象，如感覺遲鈍、注意力不集中與其他心理疾病。

　　書中提到當代面臨的困境時，也讓我們開始深思時代間的差異，當我們試圖確定這一問題的根源時，我們總是傾向於指責那些電視和視頻遊戲，但是，Richard Louv 很快指出，這樣把問題簡單化的處理方式，只會阻礙我們認識到其中涉及的更加敏感的問題。30 年前，孩子們能夠把空閒時間給小溪裡和樹屋上的動植物，能夠徜徉在空地上看星星，這樣的情況在當時非常普遍。與大自然的接觸應該是直接的，應該用我們的五感去感受大自然。可是現在，用 Richard Louv 的話講，一切都改變了，大自然被認為是種「嚇人的玩意」，由於我們內心的恐懼而導致的另一個受害者。

　　人類的意志力，會隨時代的洪流而產生變異。瑞秋卡森 (Rachel Carson) 曾說：「那些感受大地之美的人，能從中獲得生命的力量，直到人生的盡頭。」但是非常惋惜的是，全世界現在卻有很多成長中的孩子離大地越來越遠。大自然能豐富我們的心靈，帶來更為廣闊的天地。最終，回到土地，是這一目標，關鍵的核心價值，人類的歷史往前邁進的過程，人類與土地的距離，絕對是最重要的。

　　目標 15 陸域生命介紹到這裡，最關鍵的是土地，而森林是談到陸域生命很重要的載體，以下將介紹國內與國際間，與陸域生命最相關的森林保育故事。要分享的是日本「龍貓森林」環境信託的故事，以及臺灣種樹的男人「樹王賴桑」的故事。

日本「龍貓森林」環境信託故事

　　相信大家對於宮崎駿先生在西元 1988 年推出的電影《龍貓》，應該都有深刻的印象，其電影場景純樸的田園景象，里山的生活樣貌，都是以日本東京近郊的埼玉縣內的丘陵為電影藍圖。但也因為距離東京相當近，自 80 年代後，都市化擴張，陸續開

發往此拓展，森林被開發，電影中的純樸景象逐漸消失，當地居民主動發起集體購買土地，希冀可以阻止開發商購買土地進行開發，也希望可以保留森林、農田，以及里山的場景，這一自發行動獲得宮崎駿大力的支持，西元 1990 年便以「龍貓故鄉」為名的環境信託專案，透過在地居民不斷捐款或捐地，保護此片森林與里山生活模式。

臺灣種樹的男人樹王賴桑的故事

臺灣有一個種樹的男人，人稱樹王，本名賴倍元的賴桑，在 29 歲邁向 30 歲而立之年，深感臺灣森林面積逐漸減少，加上賴桑對於樹木情有獨鍾，因此便立下志願，淡出相關工作，全力投入種樹，種樹地點聚焦於中部大雪山，而賴桑種樹有三不政策：不砍伐、不買賣、不留給後代子孫。

賴桑長期種樹，也帶來生物多樣性，豐富在地生態系，而賴桑最大的願望是：在這一輩子希望可以中 50 萬棵樹，希望可以根留臺灣。而賴桑的兒子，賴建忠在耳濡目染之下追隨父親的理念，在林場兼種咖啡樹，實踐林下經濟概念，同時也將咖啡營收的 95% 回歸種樹之用，成為另一循環概念。賴建忠提到以咖啡作為鑰匙，開啟通往森林的門，也傳承了父親對於森林與土地的情感。

上面的兩個故事，都是目標 15 深刻回歸土地動人的實踐故事，希冀透過上述故事，可以傳達此目標重要理念。

參 SDG 15 延伸問題

1. 人類在演化過程中，與生態環境的距離，漸漸疏遠，也產生矛盾與衝突的現象，影響最大的是，對人類而言最重要、維持生命，且在地球內部循環的空氣、水、土地，太陽是由外太空進入地球，但是目前人也正在面對空氣污染、水污染、土地污染，而更加弔詭的，是人類造成這三種污染，請問您認為產生如此矛盾與衝突的原因為何？

2. 在西元 2005 年 Millennium EcosystemAssessment 的報告中提及生態系統服務一詞，其定義為「人類從生態系中獲得的利益」，即生態系統，無論是直接或間接，提供於人類生活中相當的福利及必要的服務。透過此可以瞭解到人類絕對是相當依賴生態系統，但目前人類生活大多與生態系統連結相當薄弱，試問就您的生活經驗，從食、衣、住、行、育、樂等不同面向，說明與生態系、大自然的連結與關係。

3. 在西元 1992 年 6 月，全世界各國領導者在巴西里約熱內盧的聯合國環境與開發大會，簽署「生物多樣性公約（Convention on Biological Diversity）」，主要有三大目標：保育生物多樣性、永續利用其組成分子，以及公平合理地分享生物多樣性遺傳資源所產生的利益。試問生物多樣性對於整體生態，以及人類而言重要的意義何在？若地球上生物多樣性逐漸弱化，其將會產生什麼危機？

肆 SDG 15 教學實踐點子

SDGs 目標：陸域生命

此目標聯合國的訴求在於保護、恢復和促進陸域生態系統永續利用。維護森林防止沙漠化制止並扭轉土地退化，以及遏止生物多樣性的喪失。其重要性在於森林是陸地動物（動植物與昆蟲）80%重要家園，擁有生物多樣性及其所支撐的生態系統，也能成為氣候變遷與災害風險減輕策略的基礎。

基於上述聯合國脈絡，此目標關鍵與重要的地方對於森林生態系統瞭解與重要性，因為大家所居住的地方大多在都會區或鄉村中，均距離認知中的森林有一段距離，因此如何讓大家覺知森林重要是相當重要的啟發。

學習目標

1. 讓學生覺知森林就在我們身邊 —— 都會中的公園。
2. 透過探索瞭解生態多樣性。
3. 覺察到生態系中的美麗，啟發其感受。

核心素養

引自 Education for Sustainable Development Goals：Learning Objectives

☐ 系統思維　☐ 預期未來　■ 價值反思　☐ 創新規劃
☐ 溝通協作　☐ 批判思考　■ 自我意識　☐ 解決問題

核心素養呼應說明

1. 本活動透過至鄰近公園，讓學生透過探索、踏查，反思為什麼都會中會需要公園？此為引導學生價值反思，也連結到森林對於人類與生活環境的關鍵與重要性。

2. 透過在都會中的公園操作，引發學生對於生態系中的美產生其覺知，也希冀引導學生透過此與自我意識產生其對話。

實施方式	內容說明
引起動機	1. 詢問學生，為什麼都市中需要大大小小的公園（引導幾位學生分享）？ 2. 進一步提到都會中的公園擔負的角色就如同都市中森林概念。 3. 再進一步詢問學生，都市中的公園有哪些功能（引導幾位學生分享）？以上內容可以參考網站為： 4. 最後詢問，大家覺得目前全球森林的現狀？森林對全人類與地球代表的意義？ 5. 接續以下說明今天在臺中公園的兩個任務與操作（讓大家帶著問題進行操作）。

1. 任務一：透過五感，將在臺中公園所看到、聽到、摸到、聞到，或是有味道等感官均記錄下來，最後寫下臺中公園對您的整體感受，同時也反思若是沒有公園，對您生活的影響。

發展活動

2. 任務二：我的自然臉譜，透過在臺中公園蒐集的自然素材，拼出自己的自畫像，並且記錄蒐集到哪些素材，而拼出自己的自畫像過程，其感受為何，最後透過手機記錄自畫像後，自然素材均在回歸大地。

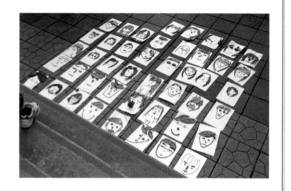

綜整活動	1. 完成任務一與任務二後，請同學分享其中的感受，同時也讓同學交換心得。 2. 最後，請同學思考，自然生態系統的多樣性對人類的重要性？以及若是公園對生活在都會區人類與其他動物是重要的，若是地球上的森林，對於整體地球動物也是同等重要的。 3. 最後請同學分享，公園對於都市的重要性？在連結到森林對於地球的重要性？是否是一樣的，只是尺度不同？
教學提醒	1. 本活動操作地點為鄰近學校的臺中公園。 2. 提醒學生前往臺中公園交通安全與自身安全。 3. 也需要提醒學生在公園中的操作需要結伴同行。
參考資料	以下為自然臉譜參考 1. 自然野趣 D.I.Y.：黃一峯，天下文化，出版日期 2020/05/11 自然臉譜參考資料 2 以下為森林重要性參考 森林重要性參考之一　　 森林重要性參考之二

16 和平正義與有力的制度

撰寫者：周芳怡

線上教學

壹 國際與臺灣細項目標

針對目標 16 以下點列國際細項目標與臺灣的細項目標，以利於全面瞭解此目標關鍵細項內容。

一、國際細項目標

（一）細項目標

16.1 在全球大幅減少各種形式的暴力和相關死亡率。

16.2 終結對兒童進行虐待、剝削、販賣，以及各種形式的暴力和酷刑。

16.3 促進國家與國際的法則，確保每個人都有平等訴諸司法的管道。

16.4 在西元 2030 年以前，大幅減少非法資金與軍火流動，加強被盜資產的追回，並對抗各種形式的組織犯罪。

16.5 大幅減少各種形式的貪污賄賂。

16.6 在各級階層中發展有效的、負責的且透明的制度。

16.7 確保各級的決策回應民意，具有包容的、參與的和代表性。

16.8 擴大及強化開發中國家參與全球管理制度。

16.9 在西元 2030 年以前，為所有的人提供合法的身分，包括出生登記。

16.10 依據國家立法與國際協定，確保民眾可取得各種資訊，保護基本自由。

- 促進和平且包容的社會，以落實永續發展；提供司法管道給所有人；在所有的階層建立有效的、負責的且包容的制度。

關鍵字：司法制度、法律、公共政策、政府、夥伴關係、多元社會、立足點平等、全球化

（二）實踐策略

16.a 強化有關國家制度，作法包括透過國際合作，以建立在各個階層的能力，尤其是開發中國家，以預防暴力、打擊恐怖主義與犯罪。

16.b 促進及落實沒有歧視的法律與政策，以實現永續發展。

二、臺灣細項目標

（一）細項目標

具體目標 16.1：強化社會安全網，確保社會安定，加強治安維護工作，遏止暴力犯罪（同具體目標 11.9）。

具體目標 16.2：完善兒少保護體系，建構對暴力零容忍及支持兒少在家庭環境中穩定成長的社會安全網，維護兒少安全及加強人口販運防制（同具體目標 11.10）。

具體目標 16.3：強化公開透明的司法。

具體目標 16.4：整合肅貪能量，型塑「貪污零容忍」社會風氣，鎖定高風險業務進行專案清查。

具體目標 16.5：持續開放政府資料，並擴大開放資料使用量，以增進施政透明度。

具體目標 16.6：持續推動公共政策網路參與，並擴大提升平臺知名度及效能，以增進民眾使用與附議。

具體目標 16.7：本國籍 5 歲以下新生兒出生登記率（依出生通報）達 100%，且持續維持。

貳 針對 SDG 16：和平正義與有力的制度觀點、看法及案例

　　俗話說：「有錢判生，沒錢判死。」由此可知，要落實人人平等的理念，需要一個強而有力的法律與制度，才能消弭個人因先天或後天不相同狀況所產生的不平等現象，進而達到所謂的立足點平等，而非齊頭式平等。而為達到世界的永續發展，SDGs 第 16 項便是希望藉由提供司法管道給所有人，並為所有階層建立有效的、負責且包容的制度，以促進和平且相互尊重的社會，進而落實永續發展。以下從國家層面、國際層面、個人層面，來探討此目標。

　　一、國家層面：設計對所有人都公平的法律與制度，是民主國家的中央及地方政府致力的目標。隨著時代變遷，許多舊有的法律與制度可能不合時宜，例如：各種補助措施對弱勢族群的認定、拉近貧富差距的納稅制度、國家考試的錄取標準、職場勞資雙方的權利義務規範等，皆必須視社會更迭與人民需求調整，以建構沒有歧視的政策與法律，進而發展有效的、包容且透明的制度。除此之外，對於非成熟的民主國家或開發中、未開發的國家來說，為所有人民進行出生登記並提供合法身分以終結對弱勢群體的虐待、剝削、買賣，保障所有人民的生存權，以降低因各式暴力、歧視而產生的死亡，更是當務之急。

　　二、國際層面：國家因政治體制、社會環境、民眾觀念等因素，在形成各式能促進和平、包容的法律與制度過程中，可能遭遇一些內部困境，因此，國際間產生的制衡力量更顯重要，例如：廢除死刑、終止童工、友善多元性別、政府資訊公開等，國際間皆有關注的團體在促使相關政策尚未完整的國家進行制度的修訂。除此之外，要達到 SDGs 第 16 項目標，並非各國分頭進行即可，更需要跨國合作，舉例來說，預防暴力與犯罪、對抗恐怖主義、禁止非法金錢與軍火流等，皆需要各國在法律、制度上的通力合作才能完成。而國際間，各國也可能因為政治、經濟實力不同，而產生互動關係的不平等，因此，擴大與加強開發中國家參加世界聯繫與管理機制，亦非常重要。

三、個人層面：所謂「徒善不足以為政，徒法不能以自行」，國際與國家促成和平、正義的法律、制度後，若無民眾的響應，一切也是徒勞無功，因此，在個人部分，支持與在生活中採取行動，以促進永續發展政策的落實，是此目標的最後一哩路。另外，個人也可透過參與公共政策的討論並提供建議給政府，讓政府制訂回應永續發展目標的政策，並建立更有效、負責、包容的法律與制度，以確保政府決策是回應民意且具代表性的。

在臺灣，回應 SDGs 第 16 項的策略中，也有因國家現況所發展出的特色工作項目，舉例來說，由於臺灣人口集中在某些區域，因此，政府便透過增強社會安全網，以確保社會安定與治安無虞。另外，型塑貪污零容忍的社會風氣、持續開放政府資料並擴大開放資料使用量、推動民眾參與公共政策網路平台互動，更是臺灣在邁向更成熟的民主國家過程中，為加強國家的公開性與透明性的重要工作。總論之，雖然達成此項目標需要從國家、國際，乃至於個人層面多方進行，但也不能忽略各國特殊的生活文化，在落實的策略上，也應該因時制宜與因地制宜。

參 SDG 16 延伸問題

1. 個人與社區層面：您或您的親友（來自媒體的案例亦可），是否曾有進行法律諮詢或實際進入調解、司法訴訟的經驗？在這些案例中，您認為相關的程序、制度、法律內容有哪些可以改善的地方，才能落實正義與平等？

2. 社會與國家層面：您認為國家應該更重視哪些族群（特定的性別、年齡、職業、種族、身心狀況等）的需求，為其規劃所需的法律與政策？再延伸思考，請舉一個政府可以為此族群規劃的法律與政策方向。

3. 跨國與全球層次：就您的觀察，哪個國家的法律與政府政策較能夠落實正義與平等？又哪個國家的法律與政策在落實正義與平等部分需要改善？也請各舉一個實際的案例。

🈎 SDG 16 教學實踐點子

SDGs 目標：和平正義與有力的制度

近來，地球暖化、傳染性疾病、戰爭動亂等天災人禍造成世界動盪不安，身在台灣的大學生們應能從媒體、課堂或觀察中體認全球變遷環環相扣，而要促進整體改變朝向良性循環，而非惡性循環，則必須要發展適當並具前瞻性的制度或國家政策，以使世界朝向包容、多元、和平的社會發展。

學習目標

1. 認知：透過理論說明與案例練習，使學生瞭解功利主義、自由主義、社群主義三種思維模式的概念與優缺點。
2. 情意：從個人層面出發思考生活中的兩難議題，進而提升議題內容的深度與廣度，使學生一步一步地體認關心社會多元及公共議題的重要性，進而使其能對各種與人類生活相關的問題產生興趣。
3. 技能：以方案規劃的流程為基礎，並透過分組與跨組合作學習的過程，促進學生能夠以課堂討論的議題為基礎，統合進行價值反思、系統思維、溝通協調、創新規劃，以發展問題解決的能力。

引自 Education for Sustainable Development Goals：Learning Objectives

■ 系統思維　□ 預期未來　■ 價值反思　■ 創新規劃
■ 溝通協作　□ 批判思考　□ 自我意識　■ 解決問題

核心素養呼應說明

1. 認知層面：提供系統思維與價值反思的理論基礎。
2. 情意層面：進行價值反思的過程。
3. 技能層面：發展溝通協調、創新規劃與問題解決的能力。

實施方式	內容說明
引起動機	隨著年齡逐漸增長，學生關注的事物由廣度出發，應從個人層面開始擴展到家庭、社區、社會、國家、全球；由深度出發，應從議題覺察開始到認識、理解社會多元議題，乃至於能夠投入參與問題解決的過程。 在一系列的課堂中，教師首先透過生活周邊的兩難議題開始，促進學生產生對於多元議題關注的興趣，並使其理解這些問題將在進大學、入社會與職場後隨之而來，學生們應有所準備。

發展 活動	1. 認知層面：提供系統思維與價值反思的理論基礎。 2. 背景敘述：教師針對難民收留相關的國、內外法令、新聞，目前我國針對議題處理的狀況進行說明。 3. 分組討論（一）：將學生分組（2-3人 / 組），促進學生站在國家、國際層面思考我國難民收留政策。首先，學生透過分組討論並以功利主義、自由主義、社群主義三個思維模式為基礎，提出三種政策方案，並分析其優缺點。 4. 分組討論（二）：在進行價值反思與溝通討論後，選擇其中一政策方案進行詳細規劃，在過程中，學生可以發展系統思維、創新規劃與問題解決的能力。	  

綜整 活動	1. 跨組成果呈現：為使學生瞭解跨組間對於我國難民收留政策的看法與方案，在各組討論後，讓各組派代表將討論結果簡述於黑板。 2. 模擬立法院：教師先擇一分組分享討論結果，上台分享組別扮演行政院團隊，報告其政策方案內容，在台下的同學則扮演立法委員的角色，針對行政院團隊提案內容進行質詢，再次進行價值反思。在第一組行政院團隊報告後，再由其選擇下一組報告的行政院團隊，在規劃的時間內，盡量讓各種方案意見得以討論與交流。 
教學 提醒	1. 討論基礎：教師應提供學生討論過程所需的理論基礎與流程架構，並在過程中提醒活動精神。 2. 時間控制：討論過程應掌握時間進度，以確保活動順利完成。 3. 模擬情境：立法院情境模擬時，有時會出現較激動的言語，在過程中，也要提醒同學包容與尊重，同時也能藉此讓同學思考目前立法院與行政院之間的互動關係與民眾對於行政官僚及代議制度的刻板印象。
參考 資料	聯合國於 1951 年通過《難民地位公約（Convention relating to the Status of Refugees，簡稱「難民公約」）》。 行政院難民法草案　　 台灣人權促進會

17 夥伴關係

撰寫者：蕭戎

 線上教學

壹　國際與臺灣細項目標

針對目標 17 以下點列國際細項目標與臺灣的細項目標，以利於全面瞭解此目標關鍵細項內容。

一、國際細項目標

（一）細項目標

17.1 強化本國的資源動員，作法包括提供國際支援給開發中國家，改善他們的稅收與其他收入能力。

17.2 已開發國家全面落實他們的開發援助 (ODA) 承諾，包括在 ODA 中提供國民所得毛額（GNI）的 0.7% 給開發中國家，其中 0.15-0.20% 應提供該給低開發國家 (LDCs)。

17.3 從多個來源動員其他財務支援給開發中國家。

17.4 透過協調政策協助開發中國家取得長期負債清償能力，目標放在提高負債融資、負債減免和負債重組，並解決高負債貧窮國家（HIPC）的外部負債，以減少負債壓力。

17.5 為 LDCs 採用及實施投資促進方案。

17.6 在科學、科技與創新上，提高北半球與南半球、南半球與南半球，以及三角形區域性與國際合作，並使用公認的詞語提高知識交流，作法包括改善現有機制之間的協調，尤其是在聯合國層面，以及透過全球科技促進機制加強協調。

17.7 使用優惠條款與條件，包括特許權與優惠條款，針對開發中國家促進環保科技的發展、轉移、流通及擴散。

關鍵字：利益關係人、在地參與、全球在地化、社會凝聚

17.8 在西元 2017 年以前，為 LDCs 全面啟動科技銀行以及科學、科技與創新（STI）能力培養機制，並提高科技的使用度，尤其是資訊與通訊科技 (ICT)。

17.9 提高國際支援，以在開發中國家實施有效且鎖定目標的能力培養，以支援國家計畫，落實所有的永續發展目標，作法包括北半球國家與南半球國家、南半球國家與南半球國家，以及三角合作。

17.10 在世界貿易組織（WTO）的架構內，促進全球的、遵循規則的、開放的、沒有歧視的，以及公平的多邊貿易系統，作法包括在杜哈發展議程內簽署協定。

17.11 大幅增加開發中國家的出口，尤其是在西元 2020 年以前，讓 LDCs 的全球出口占比增加一倍。

17.12 對所有 LDCs，依照 WTO 的決定，如期實施持續性免關稅、沒有配額的市場進入管道，包括適用 LDCs 進口的原產地優惠規則必須是透明且簡單的，有助市場進入。

17.13 提高全球總體經濟的穩定性，作法包括政策協調與政策連貫。

17.14 提高政策的連貫性，以實現永續發展。

17.15 尊敬每個國家的政策空間與領導，以建立及落實消除貧窮與永續發展的政策。

17.16 透過多邊合作輔助並提高全球在永續發展上的合作，動員及分享知識、專業、科技與財務支援，以協助所有國家實現永續發展目標，尤其是開發中國家。

17.17 依據合作經驗與資源策略，鼓勵及促進有效的公民營以及公民社會的合作。

17.18 在西元 2020 年以前，提高對開發中國家的能力培養協助，包括 LDCs 與小島嶼開發中國家 (SIDS)，以大幅提高收入、性別、年齡、種族、人種、移民身分、身心障礙、地理位置，以及其他有關特色的高品質且可靠的資料數據的如期取得性。

17.19 在西元 2030 年以前，依據現有的方案評量跟國內生產毛額 (GDP) 有關的永續發展的進展，並協助開發中國家的統計能力培養。

二、臺灣細項目標

（一）細項目標

具體目標 17.1：辦理友善環境科技移轉、普及與散佈以提升能源效率、減少污染與增進廢棄物回收再利用。

具體目標 17.2：推動醫療合作計畫，協助特殊類型國家（低度發展國家、小型島嶼國家與非洲國家）在臺培訓醫事人員並提供受獎生獎學金在臺接受公衛醫療學科（醫科、護理、藥學等）相關專業訓練。

具體目標 17.3：持續對邦交國（及部分開發中國家）優秀學生提供臺灣獎學金來台留學。

具體目標 17.4：持續協助在開發中國家推動改善當地水與衛生相關計畫（同具體目標 6.a）。

具體目標 17.5： 辦理各項貿易援助類型技術協助計畫。

具體目標 17.6：對開發中國家，持續以我國優勢協助其發展。並依據世界貿易組織 (WTO) 相關協定，給予該類國家特殊及差別待遇，另研議提高我國予低度開發國家 (LDCs) 之『免關稅免配額』優惠待遇（同具體目標 10.a）。

具體目標 17.7：持續依國際社會的需求，辦理非常態性消除貧窮的計畫。

具體目標 17.8： 積極參與 WTO 貿易與環境議題討論及談判，強化貿易與環境的相互支持，促進普遍、具規範基準、公開、不歧視及公平的多邊貿易體系。

具體目標 17.9：運用雙邊及多邊環保合作計畫，以技術協助能量建構或公私部門及民間團體共同協力，提升開發中國家的環境管理與污染防治工作。

具體目標 17.10：持續與印尼、越南、泰國並開發與印度等國合作選送菁英來臺進修，促進國際師資培訓合作。

貳 針對 SDG 17：夥伴關係觀點與看法以及案例

聯合國永續發展目標在最後一項關懷上，抹除了透過國際協約便可實現宏大理念的想像，它呼籲政府與民間必須團結合作，始能促進永續未來的實現。對此我們可以氣候變遷議題裡常見的誤解為例，即許多人都因西元 1987 年蒙特婁公約（Montreal Protocol）的簽訂實施成功削減了氟氯碳化物的排放、進而縮小臭氧層破洞為例，而對今日削減化石燃料之使用、從而減緩暖化抱持著高度樂觀。

但真相是，人們對化石燃料的倚賴程度遠大於氟氯碳化物，它在相當程度上需要絕大多數的人們大幅度地改變生活型態。

由此可知，本目標所看重的政府與民間之「夥伴關係」確實在解決問題的第一步上做到了腳踏實地。它不僅要求各國政府間應當積極行動（如已開發國家對發展中國家的支持協助），它也提醒在各國內部，在政府組織之外的不同利益關係人（包含不同知識、專長、技術與財政資源的擁有者）之間產生共識的重要性，同時看重能掌握在地推動脈絡的民間團體之經驗與智慧。

但就在這點上，我們看見了聯合國永續發展目標內部存在著一種「由上而下推動」或「由下而上推動」的張力。即從某種角度說，這目標自著手擬定起便無可避免地反映著某種出於菁英的、對人類未來發展的反省，但當它要落實時，卻又務實地承認這反省需要接軌於地方脈絡與意見。

而這種上下之間的衝突，在臺灣，正溫和地表現在行政院國家永續發展委員在西元 2019 年，為因應聯合國永續發展目標所提出的「臺灣永續發展目標」裡，特意增列

了合乎國內政策脈絡的第 18 項目標的舉措上。對此，高等教育正合適將這樣的張力帶入課程裡，讓學習者更清楚目標推動的實際。

　　至於在聯合國教科文組織西元 2017 年出版的永續發展目標之教育指南（Education for Sustainable Development Goals - Learning Objectives）裡，還包含著數個可供大學課堂教學的議題，例如：認識不同國家人民的相互聯繫或依存關係（如以處理臺灣 3C 廢棄物之非洲國家為例）；瞭解不同利益關係人團結合作促進永續發展的重要性與實例（如以政府、企業、民間團體於原住民部落合作推動太陽能公民電廠為例）；認識跨專業（包含知識與技術）合作的重要性；思考如何與他人產生共同願景、價值觀、責任感與合作（如以原住民部落合作推動兼顧生計與生態之觀光產業為例）；思考如何兼顧永續發展之跨空間、跨時間思考特質並從批判角度構思行動。結合著建立「夥伴關係」的建議與真實議題，課程應可帶領學習者深入認識合作的難處與契機，不辜負最後一項永續發展目標對於推動宏大理念的真誠反省。

參 SDG 17 延伸問題

1. 請試著以列表方式比較「減少使用氟氯碳化物以減緩臭氧層破洞」以及「減少排放溫室氣體以減緩氣候變遷」兩議題的異同，列表項目可包括：提出呼籲之組織；簽署之國際協議與實際要求（包括要求的強制性）；污染物所間接造成的負面影響範圍與程度；污染物所涉及的生活模式以及為減少排放污染物可能帶來的負面影響（包含對特定利益關係人帶來之負面影響）等，最終分享自己的看法。

2. 長久以來臺灣學生的學習經驗總以競爭為主調，也因此令各界人士興起將「團隊合作」之態度與能力融入教育的呼聲與努力。對此，請回想自己生命經驗中最好與最壞的團隊合作經驗，分析是哪些要素致使它們變好或變壞，並且思考這樣的經驗是否能夠形成某些原則，應用在未來會面對的團隊合作任務上。

3. 新竹縣尖石鄉司馬庫斯部落以居民共同經營制度創造了兼顧生計與生態的生態旅

遊經典案例，近年他們甚至因顧慮環境承載力，主動將遊客人數減半以保護當地自然環境。對此，請參考紀錄片《司馬庫斯 A Year in the Clouds》內容與相關報導，分析其為何能整合不同意見與利益、永續利用環境資源，思考其中有哪些因素可能可以套用在其他議題上，哪些則較為困難。

司馬庫斯 A Year
in the Clouds

肆 SDG 17 教學實踐點子

SDGs 目標：夥伴關係

永續發展是跨時間、跨空間的宏大願景，本目標主張它勢必需要世界各國攜手合作始能達成。

學習目標

永續發展的關懷跨越空間時間，所考量對象包含地球另一端的人們，以及尚未出生的人們；永續發展因此不是建立在「利己」思維上的狹隘理念——我若追求永續則將從中獲益，卻是建立在「利他」思維上的宏大理念——雖然我在地球上的生命僅短短數十載，但我仍願意為在那之後出現人們的福祉投注心力。然而，學生進入高等教育階段，需試著思考像這樣由個人承諾乃至於集體投入的利他行為究竟存在哪些困難，以及如何可能實現。

核心素養

引自 Education for Sustainable Development Goals：Learning Objectives

☐ 系統思維　☐ 預期未來　■ 價值反思　☐ 創新規劃
☐ 溝通協作　☐ 批判思考　☐ 自我意識　■ 解決問題

核心素養呼應說明

1. 價值反思：藉由經典電影反思自身的人性論，以及由此延伸的期待與計畫是否適切。
2. 解決問題：大多數人在特定情況下都肯定人性自私，但仍鼓勵學生思考如何突破困境、尋求集體合作利他的契機。

實施方式	內容說明
引起動機	1. 簡介永續發展的定義與內涵，說明永續發展對跨空間、跨時間之經濟、生態與社會正義議題的關懷。〔QR code〕蒼蠅王 2. 播放 1990 年電影《蒼蠅王》
發展活動	1. 請學生思考底下問題並發表看法： (1) 請根據你觀影後的第一印象，簡單評價這部電影。 (2) 本片充斥各種象徵，似乎對應於社會的真實現象，其中哪些令你印象深刻？ (3) 電影主角之一曾說「我們完全照大人的行為，為什麼行不通？」點出本片在論述上的更大企圖，對此你認為導演想要表達什麼？ (4) 綜合上述內容，你認為本片與永續發展內涵可以產生什麼樣的對話？ 2. 教師從倫理學與政治哲學角度切入，介紹本片其實討論著「人如何能實踐道德」的問題。而本片劇情之所以陰暗悲觀，實與原著小說作者威廉高丁（William Golding）對人性的負面看法有關。然而，當作者強調人其實容易盲目跟隨自身衝動與強權行事時，對照真實世界看似又不無道理。藉此，教師與學生展開討論，思考以「利他」為本質的永續發展理念，究竟如何可能實現，並請學生分別羅列 (1) 自身所知有助於永續發展的行動、(2) 這些行動可能遭遇的困難，以及 (3) 克服困難的可能方式。

綜整 活動	1. 教師分享，從保守主義重視人與人之間「情感網絡」的角度看，電影裡無人島上的孩子看似正缺乏深厚的情感網絡，以致於原本對規則、道德、團結合作精神的尊敬，很快就被個人慾望與暴力消磨殆盡。對此可以請學生對照自身曾經歷過的班級、社團、工作小組，思考情感網絡在其中扮演的角色。 2. 以情感網絡能產生利他動機為主題，教師分享於第一次世界大戰時成立之英國婦女會事蹟，講述平民百姓如何從鄰里關係中主動建立起照顧孤兒寡母的利他團體，進而分享從家園與國家情感的實際利他案例（如臺南巴克禮公園建立過程、世大運遊行民眾主動撿拾遊行垃圾等）。 3. 最終，請學生從情感網絡角度思考先前羅列有助於永續發展之行動，哪些可以憑藉情感網路推動，並初步構思推動方式。
參考 資料	Scruton, R. (2012). *Green philosophy: How to think seriously about the planet.* London: Atlantic Books.

SDGs 教學小活動設計

設計者 : 陳鳳涵　　時間 : 40 分鐘

SDGs 破冰遊戲

透過反應遊戲，學習辨識 17 個永續發展目標的圖標。
希望透過遊戲帶領激發同學對永續發展目標的興趣。

破冰遊戲

學習目標

1. 認識 17 SDGs 的圖標。

2. 明確說出每個圖標的目標。

3. 說出每個目標的內涵 (一句話)。

核心素養

引自 Education for Sustainable Development Goals : Learning Objectives

☐ 系統思維　■ 預期未來　☐ 價值反思　☐ 創新規劃

☐ 溝通協作　☐ 批判思考　■ 自我意識　☐ 解決問題

核心素養呼應說明

1. 預期未來 : 理解未來美好生活的契機，作為理解與評估未來的能力。開創自己的
視野的能力。

2. 自我意識 : 反思自己在地及全球社會可扮演的角色，瞭解 / 思考自己可以具體實
踐的行動與影響。

實施方式	內容說明
引起動機	觀看影片：兩支影片挑選一支影片 影片1：MAN 影片2：日本得獎短片：令人反思的《反社會人格》 觀看影片之後，請每個人思考看到了什麼？他聯想到了什麼？ 3-4 個人一組，用一句話表達，剛剛從影片中獲得的想法。請各組派 1 個人說明整組同學的想法。

發展活動	本活動主要的流程：
	1. 運用環境或社會議題之影片，引起學生動機，促使學生思考，所面對的環境與社會，跟自己之間的關係。
	2. 改變的契機：進行哆寶 Dobble 遊戲。玩法如下：
	  • 牌卡面朝下，每位玩家發一張牌。其餘放置中央面朝下，翻最上面一張牌卡。
	  • 每位玩家一起翻開手中的牌，比對中間的牌。指出與牌中一樣的圖案者，收走中央的牌卡，此牌卡成為玩家新的比對牌。
	  • 從中央牌卡翻最上面一張，再次進行比對，反覆進行遊戲。
	  • 直到中央牌卡比對結束，收走最多牌卡者獲勝。
	3. 說明永續發展的內涵與 SDGs 歷史脈絡，並介紹從千禧年 發展目標 MDGs 到永續發展目標 SDGs，與聯合國提出的個人日常行動內容。

綜整 活動	1. 透過影片刺激學生對於社會與環境漠視的反思。帶出很多行為都是我們習以為常的反射動作，其實造就了我們對社會與環境的冷漠，也不再思考依循前人的行為是否正確了。 2. 透過遊戲引發學生認識永續發展目標的開端，讓學生對永續發展有初步認識。 3. 將 17 個目標涵蓋的轉化為學生日常可實踐的行為，引導學生思考，從日常可具體實踐的行為中，認識每個目標的內涵，並用一句話表達。
教學 提醒	1. 哆寶 Dobble 遊戲牌卡可依據班級人數 / 組數印製。一組一份。或是印製一份牌卡，將整班同學分成兩大組進行競爭也是可以。 2. 永續發展內涵與歷史脈絡可簡略帶過，重點是在說明每個目標回歸到個人可以實踐的內容。或是引導學生想想在日常生活中，就可以做到行為，讓永續發展目標貼近學生的生活內容。
參考 資料	UNOG，《改變我們的世界→ 170 項日常行動》 UN，〈懶人的救世指南〉 Solitaire Townsend，〈個人 Q 版實踐 SDGs 手冊〉 從千禧年發展目標 MDGs 到永續發展目標 SDGs 世界正在翻轉！認識聯合國永續發展目標

SDGs 教學小活動設計

設計者：邱婉菁　　時間：45 分鐘

SDGs 目標：SDGs - 您有概念嗎？
SDG 1- 17

SDGs - 您有
概念嗎？

學習目標
藉由 SDG1-17 永續發展的各項目標，讓學生由淺而深的了解 17 項目標的內容、
重要性及關連性。

核心素養
引自 Education for Sustainable Development Goals：Learning Objectives

■ 系統思維　□ 預期未來　□ 價值反思　□ 創新規劃
■ 溝通協作　□ 批判思考　■ 自我意識　□ 解決問題

核心素養呼應說明
藉由 SDG1-17 永續發展目標的初探，協助學生認識永續發展，溝通合作並討論永續
發展目標的發展緣由及重要性，自我反思探討哪一個永續發展目標是最重要的項目
及其原因，培養學生具備永續發展素養與能力。

實施方式	內容說明
引起動機	教育是達成永續發展的核心所要，SDGs 融入教育可提升學生全方面多元學習，讓學生結合永續發展的相關技能、視野、價值、知識及素養。將教學內容與真實環境中的永續發展鏈結可以相輔相成的提升學生國際觀並深入探討國際性議題。
發展活動	導入概念圖方式引導學生了解永續發展目標，提供兩個任務讓學生完成，任務內容為： **Task 1. 每組一個 WH 問題，提供 6 個 WH 問題如下：** WHEN：請寫出永續發展目標 (SDGs) 的發展里程碑。 HOW：請寫出如何發展出永續發展目標 (SDGs)。 WHY：請寫出發展永續發展目標 (SDGs) 的主要原因。 WHAT：請寫出什麼是永續發展目標 (SDGs) 的核心。 WHERE：請說明哪裡最需要推動永續發展目標 (SDGs) 以及其原因。 WHO：請說明是誰想推動永續發展目標 (SDGs)，要推向誰呢？ **Task 2. 活動流程為：** 1. 將學生分組，發給每組學生一張 SDGs 概念圖，每組有各自的 Task 1，Task 2 則都相同。 2. 請每組學生上網查詢 SDGs 的相關資訊，了解每個 SDG 的內容及意義 (Task 1)，然後排列出心目中重要性的順序 (Task 2)。 3. 請每組同學按照各組的 Task 1 & Task 2 完成概念圖，撰寫清楚原因及內容並拍照上傳至指定網路平台 (智慧大師)，亦可增加圖片或網路資料補充一併上傳。

發展 活動	4. 每組提供之概念圖照片及補充資料打開，請每組同學上台解釋 Task 1 及每組心目中 SDGs 重要性排行 1-5(需解釋原因)，及其後續的 SDGs 排序。 5. 可開放 Q&A 時間，讓其他組同學發問及討論。
綜整 活動	本班共分為六組，因此藉由 6 個 WH 的問題，使學生們深入了解 SDGs 的內容其發起目標，透過每組學生的合作學習，在知識、學習、了解、合作等層面形成學習交互循環，結合 SDGs 的概念，協助學生思考個人在世界的角色、責任及貢獻，成為負責任的公民。
教學 提醒	活動前須先提供學生永續發展目標的基礎知識，SDG1-17 的內容及簡單解說，聯合國之「從千禧年發展目標 MDGs 到永續發展目標 SDGs」讓學生對 SDGs 有初步的了解。
參考 資料	聯合國永續發展目標 (SDGs) 說明　　　 從千禧年發展目標 MDGs 到永續發展目標 SDGs

WHEN 請寫出永續發展目標 (SDGs) 的發展里程碑。SDGs 時間的起始，發展過程的時間。

WHAT 請寫出什麼是永續發展目標 (SDGs) 的核心。

HOW 請寫出如何發展出永續發展目標 (SDGs)。

WHERE 請說明哪裡最需要推動永續發展目標 (SDGs) 以及其原因。

WHY 請寫出發展永續發展目標 (SDGs) 的主要原因。

WHO 請說明是誰想推動永續發展目標 (SDGs)，要推向誰呢？

Task2

1. 請把永續發展目標 (SDGs)17 個項目按照你們的心目中重要的順序排列，並寫上 SDGs 目標的說明。

2. 請上台報告你們決定順序先後重要性的原因。

1	2	3	4	5	6
7	8	9	10	11	12
13	14	15	16	17	

我們想要的未來② : SDGs 最實用課程設計
從解說、引發動機到行動，校園、機關團體、企業講習最佳教材

主　　編：何昕家
作　　者：何青晏‧邱婉菁‧周芳怡‧張凱銘
　　　　　張德忻‧陳鳳涵‧游曉薇‧舒玉‧鄭岳和‧蕭戎
封面設計：謝彥如
美術設計：參柒設計
社　　長：洪美華
責任編輯：何　喬
出　　版：幸福綠光股份有限公司
地　　址：台北市杭州南路一段 63 號 9 樓之 1
電　　話：(02)23925338
傳　　真：(02)23925380
網　　址：www.thirdnature.com.tw
E-mail　：reader@thirdnature.com.tw
印　　製：中原造像股份有限公司
初　　版：2022 年 8 月
初版 8 刷：2023 年 12 月
郵撥帳號：50130123 幸福綠光股份有限公司
定　　價：新台幣 400 元（平裝）
本書如有缺頁、破損、倒裝，請寄回更換。
ISBN 978-626-96297-1-8
總經銷：聯合發行股份有限公司
新北市新店區寶橋路 235 巷 6 弄 6 號 2 樓
電話：(02)29178022 傳真：(02)29156275

國家圖書館出版品預行編目資料

我們想要的未來② : SDGs 最實用課程設計
從解說、引發動機到行動，校園、機關團體、企業講習最佳教材
何昕家 , 何青晏 , 邱婉菁 , 周芳怡 ,
張凱銘 , 張德忻 , 陳鳳涵 , 游曉薇 , 舒玉 , 鄭岳和 , 蕭戎 -- 初版 . --
臺北市 : 幸福綠光 , 2022.08, 面 ; 公分
ISBN　　978-626-96297-1-8(平裝)
1. 教育 2. 永續發展 3. 臺灣
520　　　　　　　111010968